U.S. Book-keeping and Accounting
The Simplest in Japan for Beginners

日本一やさしい
英文簿記・会計入門

金児　昭●編著
長岡　和範●　著

税務経理協会

# まえがき

◆ すべてのビジネスパースンの方々のためのやさしい英文会計の本です

　本書は日本のすべてのビジネスパースンに読んでいただきたいと思って書きました。そのために，英文簿記・会計を日本一やさしく，しかも，基本的に大事なポイントをついて説明しました。さらに，米国公認会計士（U.S.CPA）の試験を受けようとする方々が本書を一番初めに読んでいただきたいと思っております。

　わが国の小中大会社のビジネスがあらゆる面で国際的に拡がっている今，アメリカの簿記・会計の基礎を学ぶことは，必ずこれからの皆様ご自身のビジネスにお役に立つと思います。

◆ 「残増減残」と「科目の四マス」を使ったやさしい英文簿記の本です

　会計を学ぶためには，簿記の理解が欠かせません。ところが，これまでわが国の簿記の学習は，最初に基本的なことがらを暗記したうえで，繰り返し練習問題を解いていく方法が採られてきました。しかし，私は，信越化学での経理・財務叩き上げ実務の38年間にずっと，「簿記を学ぶためには，暗記と練習に頼るのではなく，基本的な簿記の仕組みを知ったうえで貸借対照表と損益計算書ができるプロセスをやさしく理解することが必要である」と考えてきました。

　そのために私は，「残増減残」と「科目の四マス」を1989（平成元）年に考案しました。そして，2004年11月と2005年9月に商標登録をしました。これらは，世界中の皆さんに無償でお使いいただきたいと思っております。本書でも，英文の簿記と会計の基礎を学ぶときに，仕訳から始める簿記を「残増減残」と「科目の四マス」を使って説明しました。①科目の「はじめの残」「増」「減」「終わりの残」が，「残増減残」と「科目の四マス」によりビジュアルに分かり，②科目の増・減が経営そのものであることが理解でき，③さらに簿記の仕訳か

ら貸借対照表と損益計算書が作られる会計の仕組みがやさしく分かるように工夫しました。

◆ 簿記の仕訳から財務諸表作成までの「一連の作業」を，2つの株式会社（1社は現金主義，1社は発生主義）の例で説明します

さらに本書では，2つのステップに分けてそれぞれのステップで簡単な取引例を使い簿記と会計が理解できるようにしました。第1ステップのジャパンコンサルティング株式会社の取引例（第Ⅰ部）では，すべての取引を現金取引に限り，**現金主義**で簿記と会計を取り扱います。第2ステップのジャパン製造販売株式会社の取引例（第Ⅱ部と第Ⅲ部）では，掛売り・掛買いや商品在庫などを含む取引を**発生主義**で取り扱います。そして，この2つのステップとも簿記の仕訳から始めて元帳への転記，残高試算表，精算表を経て貸借対照表と損益計算書を作成します。読者の皆様にはやさしい取引例にもとづいて会計のサイクルを2回体験していただけます。2回目は実務にかなり近づいた「やさしい応用編」となりますが，1回目で基本の形を見ていますので，復習も兼ねてレベル・アップがはかれます。

◆ 私の実務と米国アンソニー会計学は合致しています

日本の会計がすでにアメリカの会計基準や国際会計基準にかなり近づいているため，アメリカの簿記・会計といってもその基礎は日本の簿記・会計と大きくちがうところはありません。ただし，本書では，ハーバード大学のロバート・アンソニー教授の簿記・会計の理論と私の実務が軌を一にして，貸借対照表と損益計算書の関係を説明しているところに特徴があります。たとえば，「収益は利益剰余金の増加」であり，「費用（税金を含みます）は利益剰余金の減少」であるという米国アンソニー会計の真髄を貸借対照表と損益計算書の説明の中心に据えています。

まえがき

◆ 貸借対照表（シート）は3つの説明書（ステートメント）のボスです

　最近日本でも盛んに行われるM＆Aを私は1970年代からアメリカの経理・財務の現場で数多く経験してきました。そうした経験の中から，経営とはバランスシートの「純資産」を正確に把握し，迅速に着実に増やしていくことだと考えるに至りました。この実務経験から言うと，① 損益計算書（Income Statement），② キャッシュフロー計算書（Statement of Cash Flows），③ 株主持分計算書（Statement of Changes in Shareholders' Equity）の3つのStatementは，貸借対照表（Balance Sheet）という1つのSheetの中の科目の残増減残の説明書です。いわば，貸借対照表（バランス・シート）はこれらの3つの説明書（Statement）のボス（親分）です。この点でも，私の実務は米国アンソニー会計学と通じるところがあります。

◆ 「借方」，「貸方」ではなく，左Ⓛ，右Ⓡを使います

　わが国では，1873（明治6）年に福沢諭吉翁がアメリカの専門学校の簿記教科書を翻訳・解説した『帳合之法』によりはじめて西洋式の複式簿記が紹介されました。この先駆的な簿記に関する業績・功績は偉大です。そのときにDebitを「借」，Creditを「貸」と翻訳したことにより，現在に至るまで「借方」，「貸方」が簿記・会計用語として使われています。しかし一方で，これにより明治時代から140年にわたって何千万人もの人がこの「借方」「貸方」の用語のわかりにくさで簿記の習得に苦労し，たいへん多くの方々が挫折してきました。本来，簿記・会計で使うDebit，Creditは，単に左，右を意味するだけです。したがって，本書では分かりやすくするために，Debit，Creditの「借方」，「貸方」は一切使わずに，単に「左」（Left Ⓛ），「右」（Right Ⓡ）を使うことにしました。

◆ 附章で「連結財務諸表」，「キャッシュフロー計算書」をやさしく説明します

　本文に続く「コラム」などで，できるかぎり実務の観点からの説明を加え，

また，アメリカの会計と日本の会計のちがいについても説明します。最後に，附章１と附章２で，一般の英文簿記・会計の入門書では扱わない「連結財務諸表」と「キャッシュフロー計算書」のやさしい説明を加えました。

　本書の上梓(じょうし)にあたって，（株）税務経理協会の常務取締役大坪克行さんと編集長鈴木利美さんに大変お世話になりました。共著者の長岡和範さんと共に，心から感謝申し上げます。

2007（平成19）年8月

編著者　金児(かねこ)　昭(あきら)

# 目 次

## 第 I 部

第 I 部の会社例は「ジャパンコンサルティング株式会社」のケース
（現金主義を採用）……………………………………………………………… 1

### 第1章　英文財務諸表 ――――――――――― 3

1　財務諸表の役割……………………………………………………… 3
2　貸借対照表（B／S）………………………………………………… 6
3　損益計算書（I／S）………………………………………………… 13
4　キャッシュフロー計算書（C／F）………………………………… 18
5　英文会計…………………………………………………………… 19

### 第2章　英文簿記と英文会計 ――――――――― 24

1　会計サイクル……………………………………………………… 24
2　簿記の取引と仕訳………………………………………………… 26
3　B／SとI／Sの形式 ……………………………………………… 36
4　転　　記…………………………………………………………… 39
5　残高試算表と精算表……………………………………………… 44

### 第3章　ジャパンコンサルティング株式会社の取引の
　　　　仕訳から貸借対照表（B／S）と損益計算書
　　　　（I／S）の作成まで（現金取引だけで説明）――― 52

1　仕　　訳…………………………………………………………… 52

1

  2　元帳への転記……………………………………………………………56
  3　残高試算表………………………………………………………………59
  4　決算整理と精算表………………………………………………………61
  5　ジャパンコンサルティング株式会社の「貸借対照表」……………63
  6　ジャパンコンサルティング株式会社の「損益計算書」……………64

## 第4章　収益と費用（予習と復習） ── 70

  1　収益の計上………………………………………………………………70
  2　費用の計上………………………………………………………………70
  3　収益と費用の締切仕訳と元帳記入……………………………………72
  4　ジャパンコンサルティング株式会社の収益と
    費用の締切仕訳と元帳記入…………………………………………75

## 第 II 部

**第 II 部と第 III 部の会社例は「ジャパン製造販売株式会社」のケース**
**（発生主義を採用）**……………………………………………………………81

## 第5章　資産グループの科目（その1）：売掛金 ── 83

  1　掛売り・掛買い…………………………………………………………83
  2　売掛金と買掛金の会計処理（仕訳）…………………………………90
  3　売掛金の回収……………………………………………………………93

## 第6章　資産グループの科目（その2）：商品・製品などの
## 　　　　たな卸資産と売上原価（資産と費用） ── 96

  1　たな卸資産………………………………………………………………96
  2　売上原価…………………………………………………………………97

3　商品の売上原価……………………………………………………97
　　4　たな卸資産の評価の仮定…………………………………………107

## 第7章　資産グループの科目（その3）：機械などの固定資産と減価償却費（資産と費用）——— 112

　　1　固定資産……………………………………………………………112
　　2　減価償却……………………………………………………………112
　　3　減価償却の方法……………………………………………………116
　　4　無形固定資産………………………………………………………123

## 第8章　負債グループの科目——— 124

　　1　負債とは……………………………………………………………124
　　2　負債の内容…………………………………………………………125

## 第9章　純資産グループの科目——— 133

　　1　純資産とは…………………………………………………………133
　　2　純資産の内容………………………………………………………134

# 第 Ⅲ 部

第 Ⅱ 部と第 Ⅲ 部の会社例は「ジャパン製造販売株式会社」のケース
（発生主義を採用）……………………………………………………141

## 第10章　残高試算表・決算整理・精算表から貸借対照表・損益計算書まで——— 143

　　1　残高試算表の役割…………………………………………………143

2　残高試算表の作成方法……………………………………………144
   3　精算表（作業シート）……………………………………………148
   4　ジャパン製造販売株式会社の「貸借対照表」…………………154
   5　ジャパン製造販売株式会社の「損益計算書」…………………155

## 附　　　章（附章1と附章2）

### 附章1　連結財務諸表──────────────159

   1　連結決算の目的……………………………………………………159
   2　アメリカの連結財務諸表…………………………………………161
   3　連結決算書の作成方法……………………………………………162
   4　持　分　法…………………………………………………………170

### 附章2　キャッシュフロー計算書──────────174

   1　キャッシュフロー計算書の目的…………………………………174
   2　発生主義会計と現金主義会計……………………………………176
   3　キャッシュフロー計算書の区分…………………………………178

連結貸借対照表（要約）
日本電信電話株式会社及び連結子会社
2006年3月31日現在

(単位：百万ドル)

| 資産の部 | | 負債及び資本の部 | |
|---|---:|---|---:|
| 流動資産： | | 流動負債： | |
| 　現金及び現金同等物 | $12,058 | 　買掛金 | $13,032 |
| 　受取手形及び売掛金 | 15,324 | 　その他の流動負債 | 20,922 |
| 　その他の流動資産 | 8,979 | 流動負債合計 | 33,954 |
| 流動資産合計 | 36,361 | 固定負債： | |
| 有形固定資産： | | 　長期借入債務 | 33,471 |
| 　電気通信機械設備 | 122,508 | 　未払退職年金費用 | 14,400 |
| 　電気通信線路設備 | 112,287 | 　その他の固定負債 | 5,812 |
| 　その他の有形固定資産 | 74,637 | 固定負債合計 | 53,683 |
| | 309,432 | 少数株主持分 | 15,839 |
| 　減価償却累計額 | (220,236) | 資本： | |
| 有形固定資産合計 | 89,196 | 　資本金，無額面株式 | 8,016 |
| 投資及びその他の資産： | | 　資本剰余金 | 24,300 |
| 　関連会社投資 | 2,398 | 　利益剰余金 | 32,028 |
| 　市場性のある有価証券及びその他の投資 | 5,143 | 　その他の包括利益（損失）累積額 | 1,353 |
| 　その他の資産 | 28,322 | 　自己株式 | (7,753) |
| 投資及びその他の資産合計 | 35,863 | 資本合計 | 57,944 |
| 資産合計 | $161,420 | 負債，少数株主持分及び資本合計 | $161,420 |

## Consolidated Balance Sheet (Condensed)
### Nippon Telegraph and Telephone Corporation and its subsidiaries
### As of March 31, 2006

(Millions of U. S. dollars)

| Assets | | Liabilities and Shareholders' Equity | |
|---|---|---|---|
| **Current assets :** | | **Current liabilities :** | |
| Cash and cash equivalents | $ 12,058 | Accounts payable, trade | $ 13,032 |
| Notes and accounts receivable, trade | 15,324 | Other | 20,922 |
| Other | 8,979 | Total current liabilities | 33,954 |
| Total current assets | 36,361 | **Long-term liabilities :** | |
| **Property, plant and equipment :** | | Long-term debt | 33,471 |
| Telecommunications equipment | 122,508 | Liability for employees' severance payments | 14,400 |
| Telecommunications service lines | 112,287 | Other | 5,812 |
| Other | 74,637 | Total long-term liabilities | 53,683 |
| | 309,432 | Minority interest in consolidated subsidiaries | 15,839 |
| Accumulated depreciation | (220,236) | **Shareholders' equity :** | |
| Total property, plant and equipment | 89,196 | Common stock, no par value | 8,016 |
| **Investments and other assets :** | | Additional paid-in capital | 24,300 |
| Investments in affiliated companies | 2,398 | Retained earnings | 32,028 |
| Marketable securities and other investments | 5,143 | Accumulated other comprehensive income (loss) | 1,353 |
| Other | 28,322 | Treasury stock, at cost | (7,753) |
| Total investments and other assets | 35,863 | Total shareholders' equity | 57,944 |
| Total Assets | $ 161,420 | Total Liabilities and Shareholders' Equity | $ 161,420 |

## 連結損益計算書（要約）
### 日本電信電話株式会社及び連結子会社
2005年4月1日から
2006年3月31日まで

（単位：百万ドル）

| | | |
|---|---:|---:|
| 営業収益 | | $91,805 |
| 営業費用 | | |
| 　サービス原価 | 19,635 | |
| 　通信端末機器原価 | 10,568 | |
| 　減価償却費 | 18,042 | |
| 　販売費及び一般管理費 | 27,949 | |
| 　その他の営業費用 | 5,434 | |
| | | 81,628 |
| 営業利益 | | 10,177 |
| 営業外損益 | | 984 |
| 税引前当期純利益（損失） | | 11,161 |
| 法人税等 | | 4,634 |
| 少数株主持分損益 | | (2,106) |
| 持分法による投資利益（損失） | | (159) |
| 当期純利益（損失） | | $4,262 |

## Consolidated Income Statement (Condensed)
## Nippon Telegraph and Telephone Corporation and its subsidiaries
## For the year ended March 31, 2006

(Millions of U. S. dollars)

| | | |
|---|---|---|
| **Operating revenues** | | $ 91,805 |
| **Operating expenses :** | | |
| Cost of Services | 19,635 | |
| Cost of equipment sold | 10,568 | |
| Depreciation and amortization | 18,042 | |
| Selling, general and administrative expenses | 27,949 | |
| Other | 5,434 | |
| | | 81,628 |
| **Operating income** | | 10,177 |
| **Other income (expenses)** | | 984 |
| **Income (loss) before income taxes** | | 11,161 |
| Income tax expense (benefit) | | 4,634 |
| Minority interest in consolidated subsidiaries | | (2,106) |
| Equity in earnings (losses) of affiliated companies | | (159) |
| **Net income (loss)** | | $ 4,262 |

Balance Sheet〔科目の「終わりの残」の表〕は,『I／S・C／F・S／Sという3つのStatement（説明書という子分たち）』の親分である

I／S・C／F・S／SはすべてStatement（説明書）である。B／Sの,
① 利益剰余金科目の残減増残をState（説明する）StatementがI／S,
② 現金科目の残増減残をState（説明する）StatementがC／F,
③ 純資産の残減増残をState（説明する）StatementがS／S,です。

図　Sheet（残の表）は，3つのStatement（説明書）の親分（Boss）である

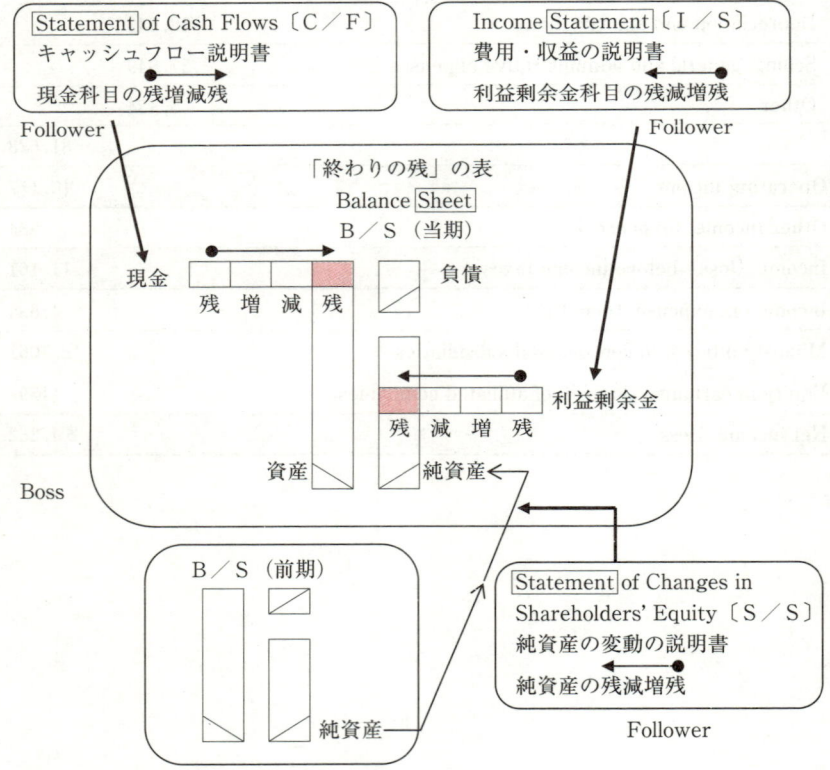

B／Sの科目は永久科目（Permanent Account）
I／Sの売上や売上原価，販売費などの科目は一時科目（Temporary Account）
この一時科目の合計を当期純利益にまとめてB／Sの利益剰余金の増となる

# 第 I 部

第 I 部の会社例は「ジャパンコンサルティング株式会社」のケース（現金主義を採用）

> 　英文簿記と英文会計の学習のための「基礎の基礎」を第 I 部でやさしく説明します。簿記会計をはじめて学ぶ方でもステップごとに少しずつ学んでいけるように第 I 部を作りました。第 I 部の第 1 章から第 4 章まで学んだところで会計のサイクルが一回りして貸借対照表と損益計算書に行き着きます。
>
> 　第 I 部を通じて，ジャパンコンサルティング株式会社の200X年 1 月の 7 つの取引を例にとって，仕訳の基礎から貸借対照表と損益計算書の作成までを見ていきます。この会社の取引をすべて現金取引とし，できるだけ枝葉を取り除きました。また，この会社は商品の在庫を持ちません。簿記の学習を暗記に頼ることなく， 1 つひとつ理解しながら先に進んでいけるように，第 I 部の最後までやさしい取引だけとしました。
>
> 　また本書では，簿記の学習のために，一般に使われている「仕訳」に加えて，金児式「科目の四マス」をあわせて使っています。金児式「科目の四マス」では，簿記の科目を「資産グループの科目，費用グループの科目」と「負債グループの科目，純資産グループの科目，収益グループの科目」の 2 つに大きく分け，記憶に頼らずに仕訳がラクにできるように工夫されています。金児式「科目の四マス」を理解してください。
>
> 　さあ，やさしい英文簿記・会計の海原に漕ぎ出しましょう。

第 1 章　英文財務諸表／3
第 2 章　英文簿記と英文会計／24
第 3 章　ジャパンコンサルティング株式会社の取引の仕訳から貸借対照表（B／S）と損益計算書（I／S）の作成まで（現金取引だけで説明）／52
第 4 章　収益と費用（予習と復習）／70

# 第1章 英文財務諸表
(U. S. Financial Statements)

## 1 財務諸表の役割 (Roles of Financial Statements)

　会社は，株主 (Shareholders) や債権者 (Creditors) などに会社の財務の状況を報告します。そのために，貸借対照表 (Balance Sheet)，損益計算書 (Income Statement)，キャッシュフロー計算書 (Statement of Cash Flows) などの財務諸表 (Financial Statements) を作成します。投資家 (Investors) がある会社の株式 (Stock) や社債 (Bond) を購入するときには，これらの財務諸表を見てその会社の財務の状況を調べます。また，銀行などが会社に融資するときには，これらの財務諸表を見てその会社の内容を調べます。

　銀行などによる融資には期限が決められているので，通常はその融資の期限がくるまでは，融資の返済を求められません。そのため，会社の財務内容の調査に加えて，債権者は担保を取ったり，保証人を求めたりして融資の確実な返済を目指します。

　株式市場 (Stock Market) や債券市場 (Bond Market) に公開されている株式や社債の場合，その株式や社債が良い成績でなかったときや会社の信用に不安がでたときには，投資家はそれらを手放します。

　投資家や債権者は，投資や融資のリスクをできるかぎり少なくし多くのリターンを得るために，財務諸表を手がかりにして会社の状況を調べます。このように，会社が株式や社債を発行したり，銀行から融資を受けたりするときに，財務諸表が大きな役割を果たします。

第 I 部

## 会社の株主・債権者への財務諸表の提出

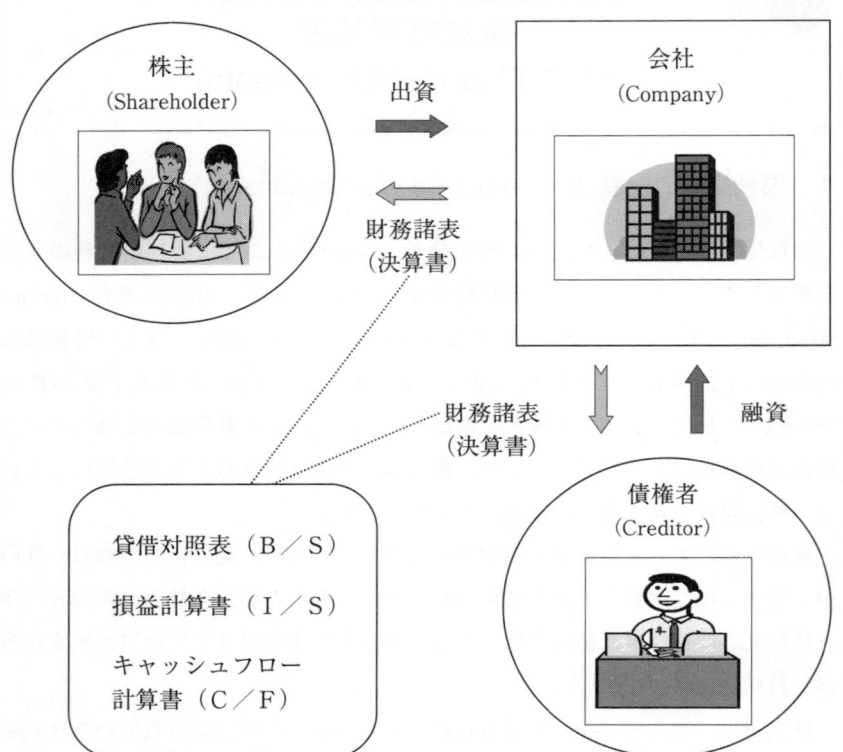

第1章　英文財務諸表

おもな財務諸表（決算書）(Financial Statements) である貸借対照表（Balance Sheet），損益計算書（Income Statement），キャッシュフロー計算書（Statement of Cash Flows）の内容を見ていきます。

**おもな財務諸表（決算書）**

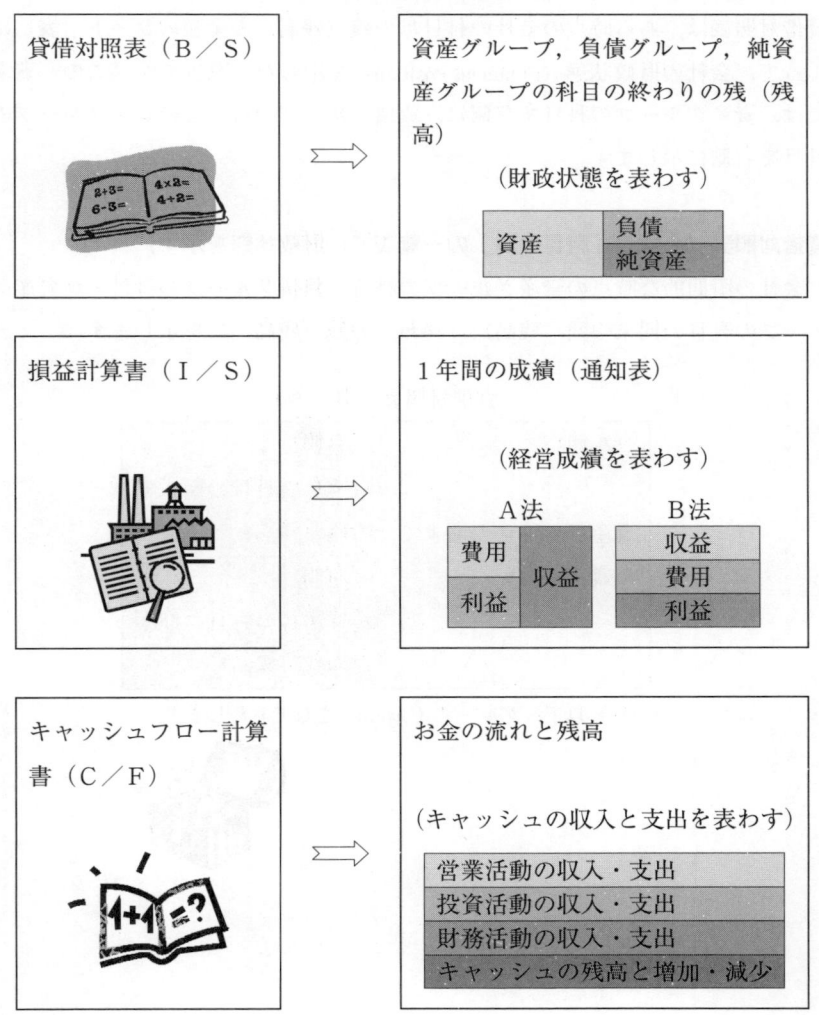

第 Ⅰ 部

## 2　貸借対照表（B／S）(Balance Sheet)

　貸借対照表（Balance Sheet）は，会社がある瞬間的な時点で持っている資産（Assets），負債（Liabilities），純資産（Shareholders' Equity）グループの科目の期末での残（「終わりの残（残高）」＝Ending Balance を示します。言いかえると，貸借対照表は，ある時点の会社の科目毎の残（残高）の金額のシート（表）によって，会社の財政状態（Financial Position）を示した一覧表です。この一覧表では，資産グループの科目を左側に，負債グループの科目と純資産グループの科目を右側に示します。

**貸借対照表（会社の「科目の残」の一覧表で，財政状態を示す）**
　会社の瞬間的な時点の資産グループの科目・負債グループの科目・純資産グループの科目の期末の残（残高）（「終わりの残（残高）」）を示します。

貸借対照表（B／S）

| （左側） | （右側） |
|---|---|
| 資産Gの科目の期末での残（残高） | 負債Gの科目の期末での残（残高） |
| | （右側） |
| | 純資産Gの科目の期末での残（残高） |

（注）以下，グループ（Group）をGで表わします。

次に貸借対照表の別の見方を下の図に示します。この図の右側では，現金が会社に入ってくる方法を2つ考えます。1つ目は株主から入ってくるもの，2つ目は銀行から入ってくるものです（銀行から入ってくるお金は必ず返します）。左側は，この現金を使ってどのような資産を購入したかを表わします。これを少し難しく言います。貸借対照表の右側の負債と純資産は，会社がどのように資金を調達しているかという残高を示し，左側の資産は，この資金をどのように運用しているかという残高の結果を示します。

### 貸借対照表の1つの見方（資金調達と資金運用）

貸借対照表（B／S）

| (左側) | (右側) |
|---|---|
| 資産G<br>（銀行から借り入れたお金と株主が出資したお金である会社の株式などを買った） | 負債G<br>（銀行からの借入など） |
| | 純資産G<br>（株主からの出資など） |

(左側) 資金の運用

(右側) 資金の調達

## 第 I 部

　資産は会社が持っている経済的な資源（Economic Resources）をいいます。資産は，通常，お金の価値のある「取得価額（Cost）」で表わされます。資産は，流動資産（Current Assets）と非流動資産（Noncurrent Assets）とに分けられます。

　流動資産は，現金（Cash）と近い将来に現金になるものです。流動資産は，現金，通常1年以内に売却する有価証券（株式，社債などへの投資），売掛金（Accounts Receivable），受取手形（Notes Receivable），たな卸資産（Inventories）［製品（Finished Goods），商品（Merchandise），仕掛品（Work in Process），原材料（Raw Materials）など］などです。

　非流動資産は長期に利用できる資産です。これは有形固定資産（Fixed Assets），無形固定資産（Intangible Assets），長期投資（Long‐term Investments）に分けられます。有形固定資産は Property, Plant and Equipment とも呼ばれ，土地（Land），建物（Buildings），機械装置（Machinery and Equipment）などです。無形固定資産は，特許権（Patent），商標権（Trademark），のれん（Goodwill）などです。

### 資産（会社が持っている経済的な資源）

お金の価値のある「取得価額（Cost）」で表わされます。

| 流動資産<br>(Current Assets) | 現金と近い将来現金になるもの |
|---|---|
| 非流動資産<br>(Noncurrent Assets) | 長期に利用できる資産 |

第1章　英文財務諸表

貸借対照表のあらましは，次のような形をしています。

貸借対照表（Balance Sheet：B／S）

| ① 資産（Assets） | ＸＸＸ | ② 負債（Liabilities） | ＸＸＸ |
|---|---|---|---|
| 流動資産（Current Assets） | ＸＸＸ | 流動負債（Current Liabilities） | ＸＸＸ |
| 現金（Cash） | ＸＸＸ | 買掛金（Accounts Payable） | ＸＸＸ |
| 売掛金（Accounts Receivable） | ＸＸＸ | 未払税金（Taxes Payable） | ＸＸＸ |
| たな卸資産（Inventories） | ＸＸＸ | 借入金（Loans Payable） | ＸＸＸ |
| その他の流動資産（Other Current Assets） | ＸＸＸ | その他の流動負債（Other Current Liabilities） | ＸＸＸ |
| 非流動資産（Noncurrent Assets） | ＸＸＸ | 非流動負債（Noncurrent Liabilities） | ＸＸＸ |
| 有形固定資産（Property, Plant and Equipment） | ＸＸＸ | 社債（Bonds Payable） | ＸＸＸ |
| 　土地（Land） | ＸＸＸ | 長期借入金（Long‐term Loans Payable） | ＸＸＸ |
| 　建物・設備（Buildings & Equipment） | ＸＸＸ | | |
| 長期投資（Long‐term Investments） | ＸＸＸ | ③ 純資産（Shareholders' Equity） | ＸＸＸ |
| 無形固定資産（Intangible Assets） | ＸＸＸ | 資本金（Capital Stock） | ＸＸＸ |
| | | 株式払込剰余金（Additional Paid‐in Capital） | ＸＸＸ |
| | | 利益剰余金（Retained Earnings） | ＸＸＸ |

第 I 部

次に流動資産と非流動資産の小分類と科目の例を示します。あとの章で詳しく説明しますので，今は，科目の例としてサッと見てください。

## 資産グループ（Assets Group）の科目

① 流動資産（Current Assets）［商品（Merchandise）など］

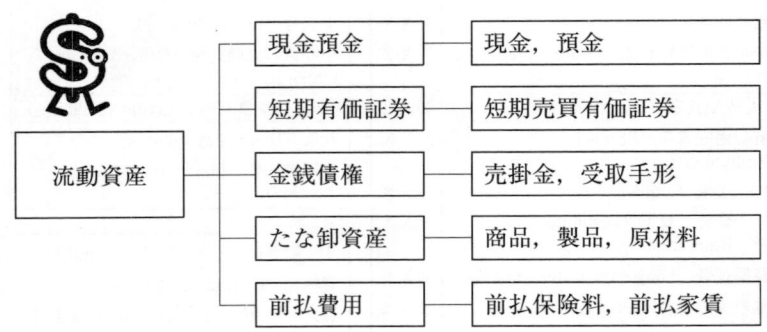

② 非流動資産（Noncurrent Assets）［機械装置（Machinery and Equipment）など］

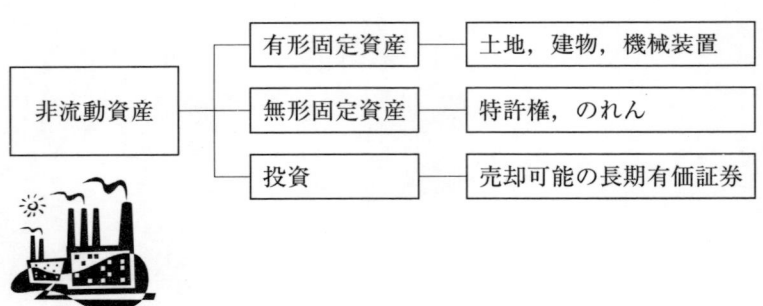

負債は会社の支払義務で，流動負債（Current Liabilities）と非流動負債（Noncurrent Liabilities）とに分けられます。

流動負債は，買掛金（Accounts Payable），支払手形（Notes Payable），短期借入金（Short‐term Bank Loans Payable）（銀行からの1年未満の借入金）などです。非流動負債には，社債（Bonds Payable）や長期借入金（Long‐term Bank Loans Payable）（銀行からの1年を超える借入金）などがあります。

次に，資産であげたものと同じように，流動負債と非流動負債の小分類と科目の例を示します。ここもサッと見ておいてください。

### 負債グループ（Liabilities Group）の科目

① 流動負債（Current Liabilities）［買掛金（Accounts Payable）など］

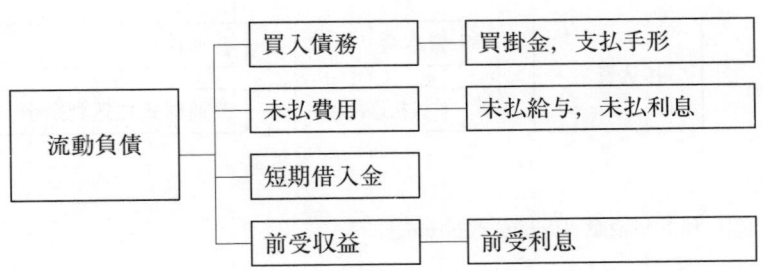

② 非流動負債（Noncurrent Liabilities）［長期借入金（Long‐term Loans Payable）など］

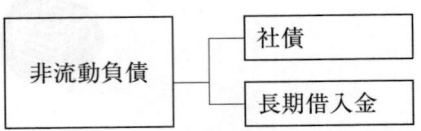

第 Ⅰ 部

　純資産は，株主が出した払込資本（Paid-in Capital）と，それを使って上げた純利益です。会社は，設立してから今までに上げた純利益から，株主に配当金（Dividend）を支払います。残りの純利益が利益剰余金（Retained Earnings）です。

　もし会社が倒産（バンクラプト＝Bankrupt）したときには，債権者（Creditors）にお金が返済されたあと，株主が残余財産の分配を受けます。

　次に，資産と負債であげたものと同じように払込資本と利益剰余金の科目の例を示します。ここもサッと見てください。

### 純資産グループ（Shareholders' Equity Group）の科目

① 払込資本（Paid-in Capital）

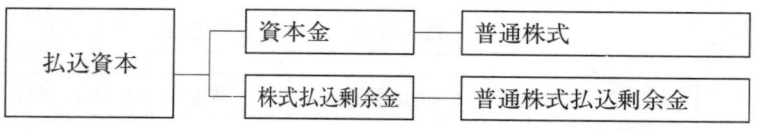

② 利益剰余金（Retained Earnings）

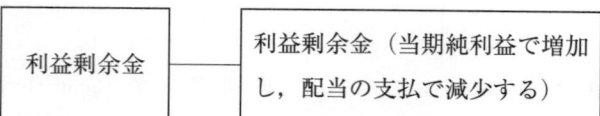

## 3　損益計算書（I／S）(Income Statement)

　損益計算書（Income Statement）は，たとえば1年間という期間の経営成績（Operating Results），いわば小学校の通知表のようなもので，利益がなにから生まれたかの説明書（ステートメント）です。

　損益計算書は，収益（Revenues）と費用（Expenses）に分けられます。これはB／S（貸借対照表）の純資産グループの1つの科目「利益剰余金（Retained Earnings）（もうけ）」の増を収益（売上など）と考え，減を費用（経費）と考えた，その説明書です。

　収益とは利益剰余金の増加です。収益の代表選手は売上（Sales）です。ほかに，受取利息（Interest Earned），受取賃貸料（Rent Earned）です。一方，費用とは，ふつうの事業活動による利益剰余金の減少です。売上原価（Cost of Sales または Cost of Goods Sold），給料（Salaries），支払利息（Interest Expense），賃借料（Rent Expense），法人税等（Income Tax Expense）などです。

　損益計算書の収益から費用を差し引いてプラスならそれが当期純利益で，利益剰余金の増加です。一方，収益から費用を差し引いてマイナスならそれが当期純損失で，利益剰余金の減少です。なお，損益計算書とは関係なく，利益剰余金から株主に配当金（Dividend）が支払われて利益剰余金は減少します。

第 I 部

## 損益計算書（1年間の「経営成績」の説明書）

損益計算書のあらましは，次のような形をしています。

損益計算書（Income Statement：I／S）

| | | | |
|---|---|---|---|
| （収益G） | ⓐ | 売上<br>（Sales） | ×××  |
| （費用G） | ⓑ | 売上原価<br>（Cost of Goods Sold） | － ××× |
| （費用G） | ⓒ | 販売費・一般管理費<br>（Selling and Administrative Expenses） | － ××× |
| ⓐ－（ⓑ＋ⓒ） | ⓓ | 営業利益<br>（Operating Income） | ××× |
| （収益G） | ⓔ | その他の収益<br>（Other Revenues） | ＋ ××× |
| （費用G） | ⓕ | その他の費用<br>（Other Expenses） | － ××× |
| ⓓ＋ⓔ－ⓕ | ⓖ | 税引前当期純利益<br>（Income before Income Taxes） | ××× |
| （費用G） | ⓗ | 法人税等<br>（Income Tax Expense） | － ××× |
| ⓖ－ⓗ | ⓘ | 当期純利益<br>（Net Income） | ××× |

（注）グループ（Group）をGで表わします。

損益計算書は3種類の利益（ⓓ営業利益，ⓖ税引前当期純利益，ⓘ当期純利益）がそれぞれ何から生まれたかの説明書です。

また，損益計算書は　収益－費用＝当期純利益　の計算書です。

## 損益計算書の収益グループと費用グループ

損益計算書を収益グループと費用グループと当期純利益の3つにまとめると，次のようになります。

損益計算書（Income Statement：I／S）

| 費用G<br>（Expense Group）の科目<br>の期末の残高 | 収益G<br>（Revenue Group）の科目<br>の期末の残高 |
|---|---|
| 売上原価<br>販売費・一般管理費<br>　（給料）<br>　　（旅費）など<br>その他の費用<br>法人税等 | 売上<br>その他の収益<br>　（受取利息）<br>　（受取配当金）など |
| 当期純利益<br>（Net Income） | |

（注）グループ（Group）をGで表わします。

第 I 部

このように収益グループと費用グループと当期純利益とにまとめた形で損益計算書のあらましを示すと次のようになります。

損益計算書（Income Statement：I／S）

| ② 費用（Expenses） | ＸＸＸ | ① 収益（Revenues） | ＸＸＸ |
|---|---|---|---|
| 売上原価（Cost of Goods Sold） | ＸＸＸ | 売上（Sales） | ＸＸＸ |
| 販売費・一般管理費（Selling and Administrative Expenses） | ＸＸＸ | その他の収益（Other Revenues） | ＸＸＸ |
| その他の費用（Other Expenses） | ＸＸＸ | | |
| 法人税等（Income Tax Expense） | ＸＸＸ | | |

| ①－②＝③ | | | |
|---|---|---|---|
| 当期純利益（Net Income） | ＸＸＸ | | |

## 利益剰余金の増加と減少
### (収益は利益剰余金の増加・費用は利益剰余金の減少)

貸借対照表と損益計算書の関係は，次のとおりです。

(損益計算書は貸借対照表の利益剰余金の「増」「減」の明細書です)

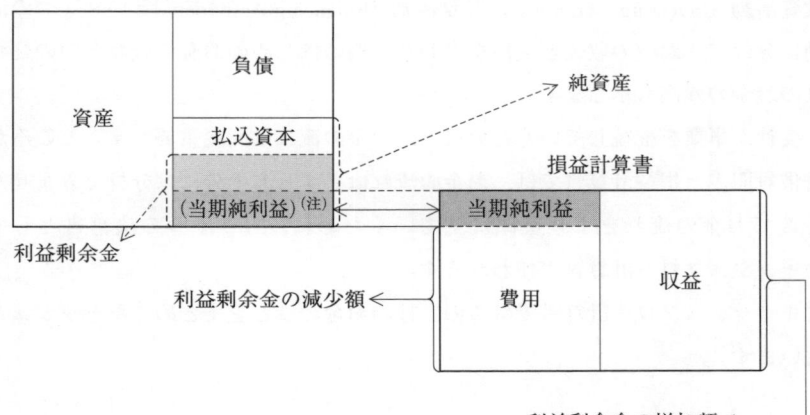

(注) 損益計算書の当期純利益が貸借対照表の利益剰余金の増加です。

| 当期純利益 | ＝ | 収益 | － | 費用 |
|---|---|---|---|---|
| (利益剰余金の純増額) | ＝ | (利益剰余金の増加額) | － | (利益剰余金の減少額) |

なお，以上とは別に株主への配当は，損益計算書には関係なく，配当金の額が利益剰余金から差し引かれます。これはとても大切なことです。

第 Ⅰ 部

## 4 キャッシュフロー計算書（C／F）(Statement of Cash Flows)

　キャッシュフロー計算書（Statement of Cash Flows）は，ある会計期間の会社のお金（現金および現金と同等と見られるもの）の流れを示す一覧表です。

　キャッシュフロー計算書は，会社の活動を営業活動（Operating Activities），投資活動（Investing Activities），財務活動（Financing Activities）という3つの活動に分けて，お金の収入と支出を表わし，期のはじめのお金の残高と期の終わりのお金の残高も示します。

　会社が事業を継続していくためには，お金の流れは大変重要です。ところが，貸借対照表と損益計算書では，お金の流れは必ずしも十分には分析できません。そこでお金の流れをより正確に見ていくために，もう1つの決算書としてキャッシュフロー計算書が使われます。

　キャッシュフロー計算書ではこの会社のお金のことをまとめてキャッシュと言います。

**キャッシュフロー計算書**

　　キャッシュフロー計算書は，次の内容を表わします。
① 営業活動によるキャッシュフロー（お金の流れ）
　　　　販売による収入，購買，営業経費の支払など
② 投資活動によるキャッシュフロー（お金の流れ）
　　　　不動産，機械，有価証券などの購入，売却
③ 財務活動によるキャッシュフロー（お金の流れ）
　　　　借入れ，返済，増資，配当の支払など
④ キャッシュ（現金と現金同等物）の増加額又は減少額（①＋②＋③）
⑤ 期のはじめのキャッシュ（現金と現金同等物）の残高
⑥ 期の終わりのキャッシュ（現金と現金同等物）の残高（⑤＋④）

## 5 英文会計 (U. S. Accounting)

### (1) 日本の会社の英文アニュアル・レポート

　この本では，アメリカの基準による英文簿記，英文会計の基本をやさしく説明します。いま，日本とアメリカの会計基準にはいくつかの重要な違いがありますが，以前に比べると日本の会計基準はアメリカの会計基準に非常に近くなっています。

　最近ではビジネスの国際化にともない，日本の会社が日本の会計基準にもとづいて作成した財務諸表を英文の財務諸表に換えて英文のアニュアル・レポート（Annual Report）を作成することが多くなりました。このようにして日本の会社が英文アニュアル・レポートを出す場合，そのなかに含まれる英文財務諸表には大きく分けて

① 日本の会計基準にもとづいた財務諸表を英語に翻訳したもの
② 日本の会計基準のままで様式（Forms）・注記（Notes）を米国式に書き換えて翻訳したもの
③ アメリカの会計基準による財務諸表に修正したうえで翻訳したもの

の3つのタイプがあります。

第 I 部

## 日本の会社の英文アニュアル・レポート，3つの種類

① 日本の会計基準による財務諸表を英語に翻訳

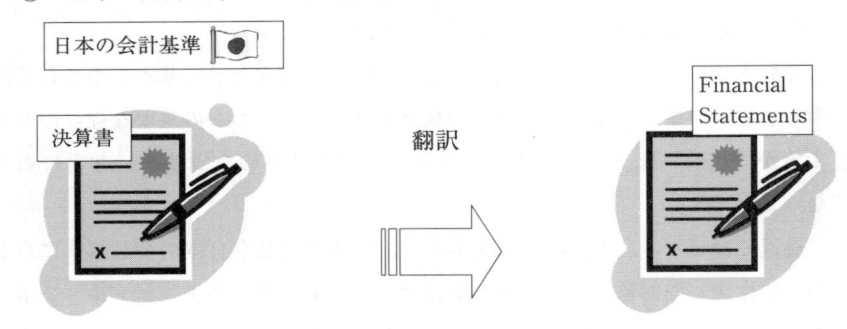

日本の会計基準

決算書 → 翻訳 → Financial Statements

② 日本の会計基準のままで，様式・注記を米国式に書き換え翻訳

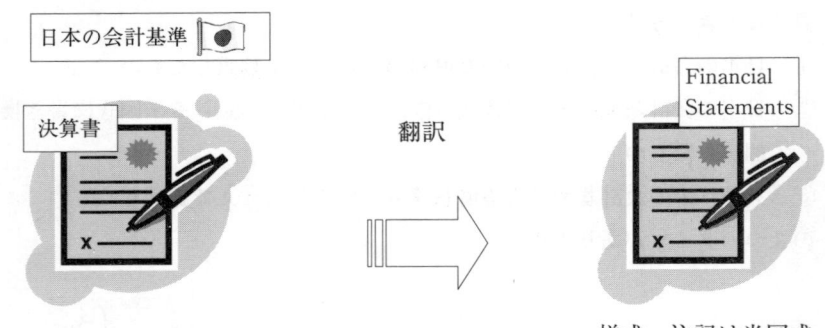

日本の会計基準

決算書 → 翻訳 → Financial Statements

様式・注記は米国式

③ アメリカの会計基準による財務諸表に修正したうえで翻訳

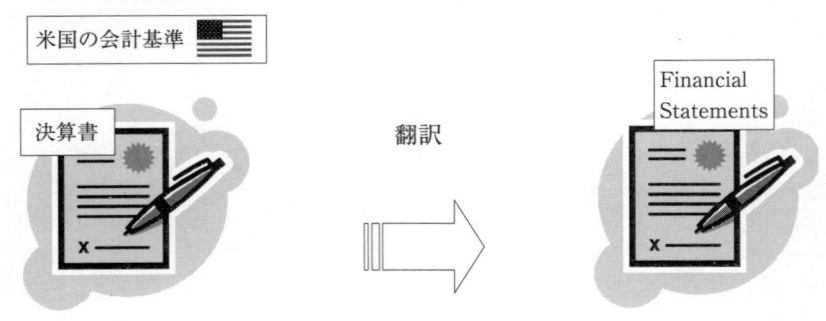

米国の会計基準

決算書 → 翻訳 → Financial Statements

第1章　英文財務諸表

(2) **アメリカの会計を学ぶ目的**

　わが国で，アメリカの会計基準による英文財務諸表が重要となっています。たとえば，日本の会社の取引先・投資対象・買収相手などがアメリカの会計基準による決算書を出している場合に，その会社の分析や評価が必要になります。また，アメリカにある日本の会社の子会社の経営が必要になります。さらに，アメリカの会社と日本の会社の日本にある合弁会社の決算書の内容を理解することが必要になります。また，日本の会社がニューヨーク証券取引所（New York Stock Exchange）に上場するためには，アメリカ基準の財務諸表の作成が必要です。

第 I 部

## アメリカの会計基準を学ぶ目的

① アメリカの会計基準による決算書を出している取引先・投資対象・買収相手などを分析し評価するため

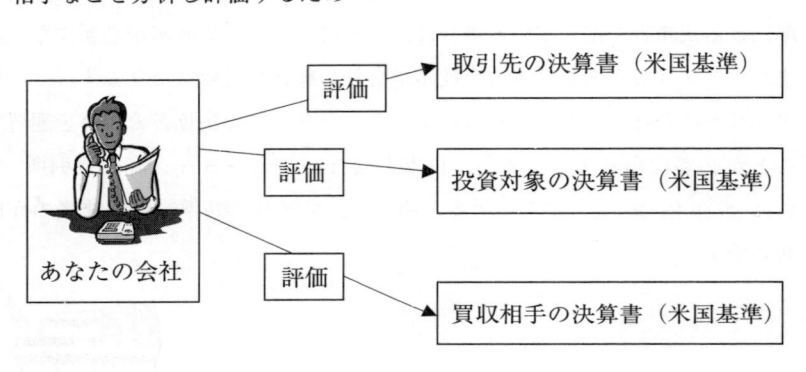

② アメリカにある日本の会社の子会社経営のため

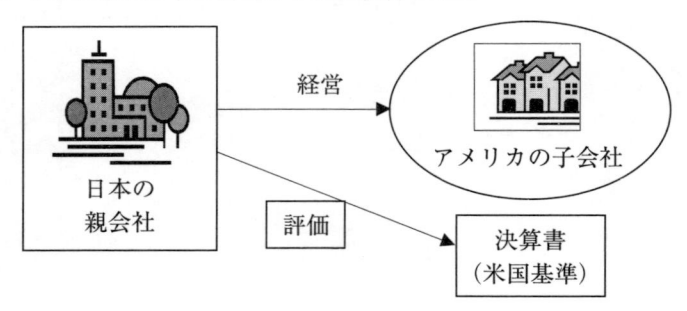

第1章　英文財務諸表

③　アメリカの会社と日本の会社の在日合弁会社の財務内容を理解するため

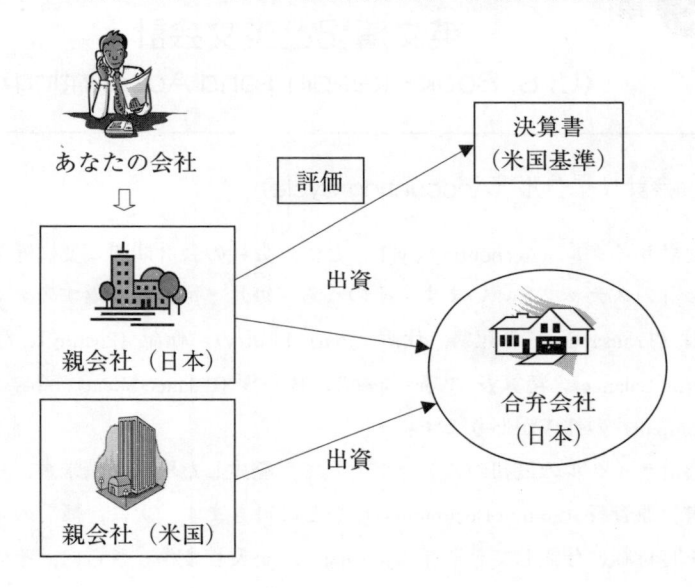

④　ニューヨーク証券取引所に上場している日本の会社の財務内容を理解するため

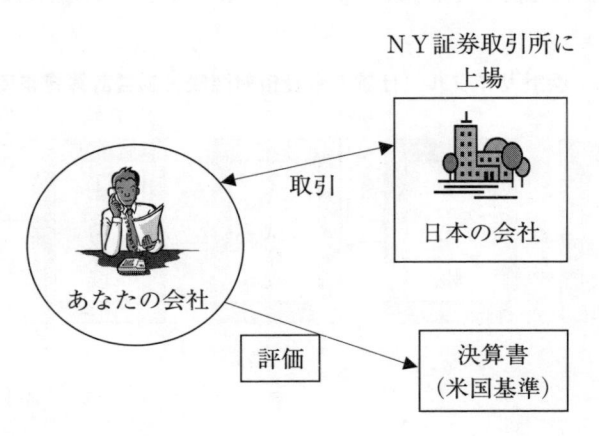

# 第2章 英文簿記と英文会計
(U. S. Book‐keeping and Accounting)

## 1 会計サイクル（Accounting Cycle）

　会計サイクル（Accounting Cycle）とは，会社の会計期間ごとに繰り返す一連の会計のステップをいいます。そのうち，毎月・毎日繰り返すステップとして，取引（Transaction）の起票，仕訳（Journal Entry），転記（Posting），残高試算表（Trial Balance），精算表（Work Sheet），B／S（Balance Sheet），I／S（Income Statement）の作成があります。

　会計サイクルの最初のステップとして，発生した取引を請求書，小切手，領収書（原資料（Source Documents））などに書きます。次に，簿記のルールで取引を日付順に仕訳して仕訳帳（Journal）に記入します。さらに，その取引を仕訳帳から元帳に書き写します。これを転記といいます。次に（B／S，I／Sの試行の残高表として）試算表を作成します。

　最後に，精算表で決算手続の整理をし，B／SとI／Sを作成します。

**会計サイクル（仕訳から貸借対照表・損益計算書まで）**

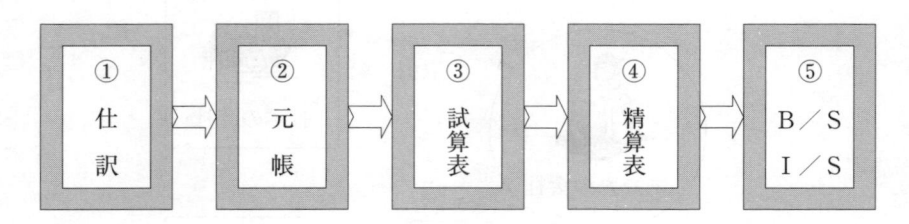

| ① 仕訳 | ⇒ | ② 元帳 | ⇒ | ③ 試算表 | ⇒ | ④ 精算表 | ⇒ | ⑤ B／S I／S |

第2章　英文簿記と英文会計

## 会計サイクル

⓪　（仕訳の前の段階）取引の原資料（Source Documents）へ記入

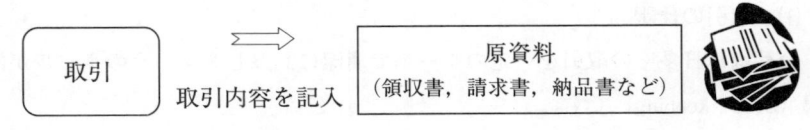

```
┌──────┐           ┌─────────────────────┐
│ 取引 │  ⇒       │    原資料            │
└──────┘ 取引内容を記入 │（領収書，請求書，納品書など）│
                    └─────────────────────┘
```

①　仕訳して，取引を仕訳帳（Journal）へ記入

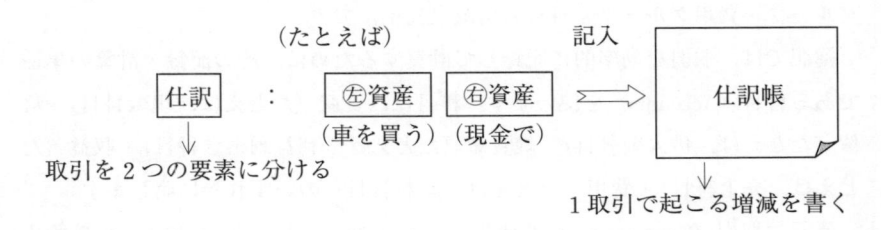

```
              （たとえば）            記入
    ┌────┐   ┌────┐ ┌────┐        ┌──────┐
    │仕訳│ : │左資産│ │右資産│  ⇒    │仕訳帳│
    └────┘   └────┘ └────┘        └──────┘
      ↓     （車を買う）（現金で）        ↓
  取引を2つの要素に分ける          1取引で起こる増減を書く
```

②　元帳へ（仕訳帳から）の書き写し（Posting＝転記）

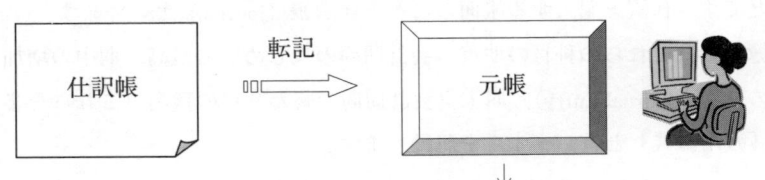

```
  ┌──────┐   転記   ┌──────┐
  │仕訳帳│   ⇒     │ 元帳 │
  └──────┘          └──────┘
                       ↓
              仕訳した取引の増減を科目ごとに書く
```

③④⑤　残高試算表（Trial Balance＝試行の残）からB／S，I／Sまで

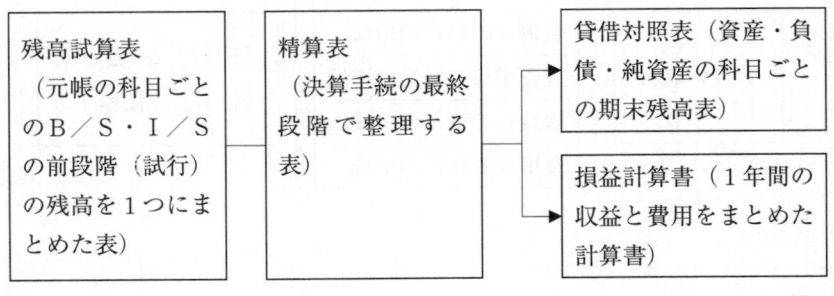

| 残高試算表 | 精算表 | 貸借対照表（資産・負債・純資産の科目ごとの期末残高表） |
|---|---|---|
| （元帳の科目ごとのB／S・I／Sの前段階（試行）の残高を1つにまとめた表） | （決算手続の最終段階で整理する表） | 損益計算書（1年間の収益と費用をまとめた計算書） |

# 第 I 部

## 2 簿記の取引と仕訳（Book-keeping Transactions and Journal Entry）

### (1) 取引の仕訳

会社は毎日多くの取引を一定のルールで簡潔に記録します。そのルールが簿記（Book‐keeping）です。

簿記では，取引（Transaction）ごとに会社の活動を記録します。簿記の取引は，資産グループ・負債グループ・純資産グループの科目の増減，および収益グループ・費用グループの科目の増減（発生）です。

簿記では，取引を効率的に記録して計算するために，その記録・計算の単位である科目（Accounts）を使います。科目は，資産（たとえば，現金科目）・負債（たとえば，借入金科目）・純資産（たとえば，利益剰余金科目）・収益（たとえば，売上科目）・費用（たとえば，給料科目）のいずれかに属します。

簿記は取引（Transactions）の仕訳（Journal Entry＝仕訳帳への記入）から始めます。仕訳とは1つの取引を科目を使って2つの要素に分け左と右に記録することです。仕訳を記入する帳面のことを仕訳帳（Journal）といいます。

簿記ではこれらの科目の期首（会計期間のはじめ）の残高，期中の増加・減少の仕訳（Journal Entry），期末（会計期間の終わり）の残高（これらをまとめて「残増減残」と言います）を記録します。

**簿記（ルールにもとづいた取引の記録）**

| 会社の取引 | { | 資産Gの科目の増減<br>負債Gの科目の増減<br>純資産Gの科目の増減<br>収益Gの科目の増減<br>費用Gの科目の増減 | } | 「科目」を使って「仕訳」で記録する |

第2章　英文簿記と英文会計

「簿記の取引」の仕訳では，資産グループの科目，負債グループの科目，純資産グループの科目，収益グループの科目，費用グループの科目の増加・減少を次のように㊧と㊨に分けます。

資産G・負債G・純資産Gの科目の増減（Increase〔Ⅰ〕, Decrease〔D〕）

|  | ㊧ | ㊨ |
|---|---|---|
| 資産Gの科目 | 増加〔Ⅰ〕 | 減少〔D〕 |
| 負債Gの科目 | 減少〔D〕 | 増加〔Ⅰ〕 |
| 純資産Gの科目 | 減少〔D〕 | 増加〔Ⅰ〕 |

収益G・費用Gの科目の増減〔発生〕（Increase〔Ⅰ〕, Decrease〔D〕）

|  | ㊧ | ㊨ |
|---|---|---|
| 収益Gの科目 | 減少〔D〕 | 増加〔Ⅰ〕 |
| 費用Gの科目 | 増加〔Ⅰ〕 | 減少〔D〕 |

（注）グループ（Group）をGで表わします。

---

金児のブキ（Book‒keeping：「決算書‒経営」の簿記）宣言

　金児のブキ（bu‒ki）＝「決算書‒経営」は，「決算書なくして経営なし」を意味します。すなわち，「経営の99％は決算書で評価される」ことを意味します。経営の99％は，決算上の利益を上げ，その約40％の税金を納めるのが目的です。

　この「決算書‒経営」におけるブキ式決算書の作成法は，従来の「暗記することから入る簿記」とは異なり，金児昭の38年間の実務体験にもとづいた「合理的な簿記」です。詳しくは以下で説明しますが，「残増減残」と「科目の四マス」を使った「決算書‒経営」を表わすために，簿記を「ブキ」と宣言します。また，この本ではブキ＝「決算書‒経営」を示すために，簿記を英語でBook‒keepingと表わします。

## 第 Ⅰ 部

### (2) 科目の四マス

科目の四マスの仕訳は，1つの取引を㊧ Left（Debit）と㊨ Right（Credit）に分解して科目の四マスの増加と減少の欄に記録することです。

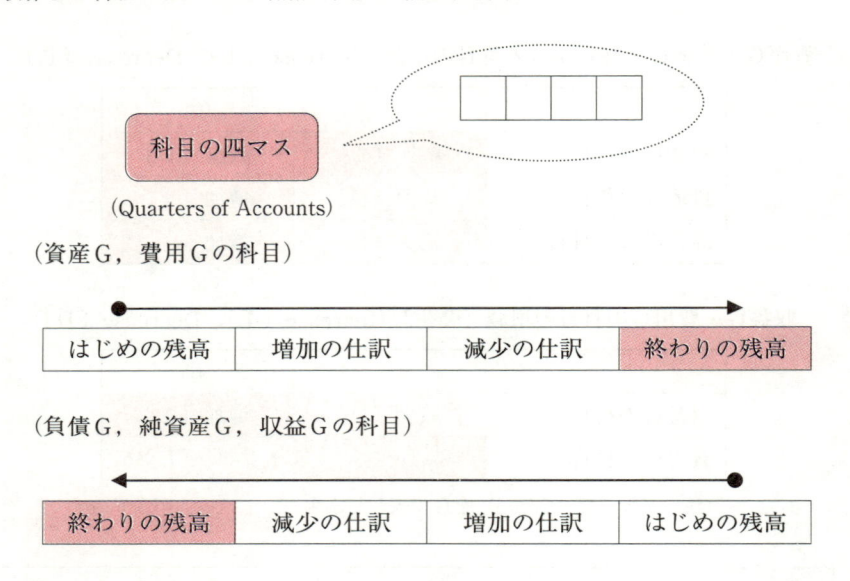

科目の四マス
(Quarters of Accounts)

（資産G，費用Gの科目）

| はじめの残高 | 増加の仕訳 | 減少の仕訳 | 終わりの残高 |

（負債G，純資産G，収益Gの科目）

| 終わりの残高 | 減少の仕訳 | 増加の仕訳 | はじめの残高 |

仕訳とは，1つの取引を㊧ Left と㊨ Right に分解して「科目の四マス」（の増加と減少の欄）に記録することです。この本では，Debitを左（Left）への記入，Creditを右（Right）への記入といいます。「借方（Debit）」「貸方（Credit）」という言葉は使いません。意味がないからです。

仕訳では，1つの取引を2つの側面からみて同じ金額を左と右の両方に記入する複式簿記（Double‐entry Book‐keeping）を使用します。

たとえば，

① 現金を支払って設備を買い入れた取引については，現金が減少し設備が増えます。現金も設備も資産グループの科目です。現金の減少は資産の減少なので右に記入し，設備の増加は資産の増加なので左に記入します。

② 借入れをして預金が増えた取引については，借入金は負債グループの科目，

預金は資産グループの科目です。この取引では，借入金が増え，預金が増えます。借入金の増加は負債の増加なので右に記入し，預金の増加は資産の増加のなので左に記入します。

以下，この本ではできるだけ仕訳を科目の四マスで説明します。科目の四マスでは，資産グループ，費用グループの科目については

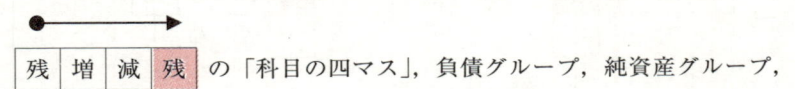

| 残 | 増 | 減 | 残 |

の「科目の四マス」，負債グループ，純資産グループ，収益グループの科目については

| 残 | 減 | 増 | 残 |

の「科目の四マス」を使います。そして，資産グループ，費用グループの科目については，「科目の四マス」の中央の左側が増（増加）・右側が減（減少）の仕訳になります。一方，負債グループ，純資産グループ，収益グループの科目については，「科目の四マス」の中央の右側が増（増加）・左側が減（減少）の仕訳になります。

また，それぞれの科目の残高は，次の図のとおり，資産グループの科目，費用グループの科目については，矢印にしたがって四マスの左端がはじめの残，右端が終わりの残になります。一方，負債グループの科目，純資産グループの科目，収益グループの科目については，矢印にしたがって四マスの右端がはじめの残，左端が終わりの残になります。

第 Ⅰ 部

## 科目の四マス

次の2種類の科目の「科目の四マス」(Quarters of Accounts) を使います。

資産・費用グループの科目

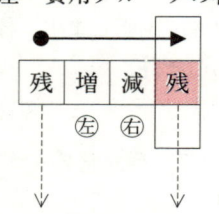

| 残 | 増 | 減 | 残 |
|---|---|---|---|
|   | 左 | 右 |   |

↓　　　　　↓
はじめの残　終わりの残

負債・純資産・収益グループの科目

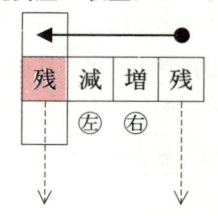

| 残 | 減 | 増 | 残 |
|---|---|---|---|
|   | 左 | 右 |   |

↓　　　　　↓
終わりの残　はじめの残

## 取引の仕訳

仕訳帳のうえで取引を左 (Ⓛ = Left) と右 (Ⓡ = Right) に分解します。

**(貸借対照表)**

資産グループの科目の増は左に記入

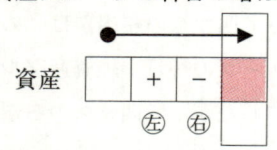

| 資産 | ＋ | － |   |
|---|---|---|---|
|   | 左 | 右 |   |

資産グループの科目の減は右に記入

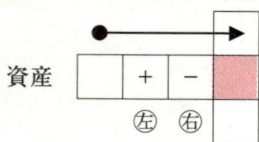

| 資産 | ＋ | － |   |
|---|---|---|---|
|   | 左 | 右 |   |

## （貸借対照表）

負債グループ・純資産グループの科目の増は㊨に記入

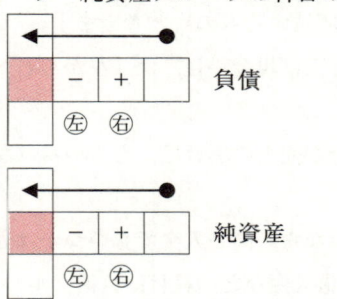

| | − | + | | 負債 |
| | ㊧ | ㊨ | | |

| | − | + | | 純資産 |
| | ㊧ | ㊨ | | |

負債グループ・純資産グループの科目の減は㊧に記入

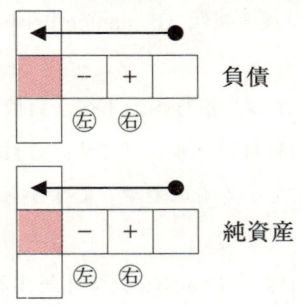

| | − | + | | 負債 |
| | ㊧ | ㊨ | | |

| | − | + | | 純資産 |
| | ㊧ | ㊨ | | |

## （損益計算書）

収益グループの科目の増（発生）は㊨に記入，減（訂正）は㊧に記入

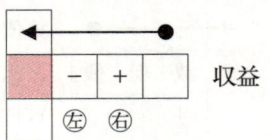

| | − | + | | 収益 |
| | ㊧ | ㊨ | | |

費用グループの科目の増（発生）は㊧に記入，減（訂正）は㊨に記入

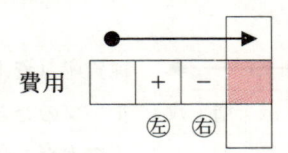

| 費用 | + | − | |
| | ㊧ | ㊨ | |

第 I 部

たとえば，ジャパンコンサルティング株式会社の売上（収益グループの科目）が現金で入ってくることに注目し，現金（または現金で得られるもの）を自分のもの（「資産グループ」に所属するもの）と考えます。

この資産グループの科目（たとえば現金科目）は「左から右へ」

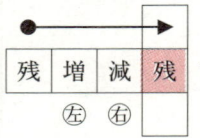

| 残 | 増 | 減 | 残 |
|---|---|---|---|
| 左 | 右 | | |

です。この現金が売上の場合は，もらいっぱなしでよいのですが，もし，銀行から借りた現金なら，同じ入金でもいつかは返さなければならないので，「返すべき」という借入金などの科目は負債グループです。

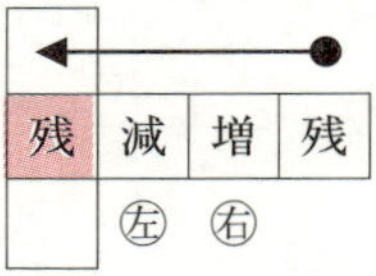

| 残 | 減 | 増 | 残 |
|---|---|---|---|
| 左 | 右 | | |

で「右から左へ」の残増減残（Beginning Balance − Increase − Decrease − Ending Balance）です。もう1つ，銀行へ返すべき負債グループの科目に似たものが純資産（資本金などの科目）グループです。これは，株主のもの（持分）で，いつの日か配当で返していくものです。ですから負債グループに少し似ています（ 残 減 増 残 ）。この3つを見て相対（あいたい）する図にすると，

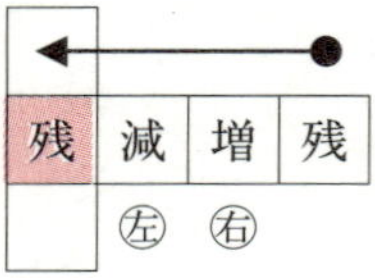

資産グループのたとえば「現金」科目

| 残 | 増 | 減 | 残 |
|---|---|---|---|
| 左 | 右 | | |

負債グループのたとえば「借入金」科目

| 残 | 減 | 増 | 残 |
|---|---|---|---|
| 左 | 右 | | |

純資産（資本）グループのたとえば「資本金」科目

| 残 | 減 | 増 | 残 |
|---|---|---|---|
| 左 | 右 | | |

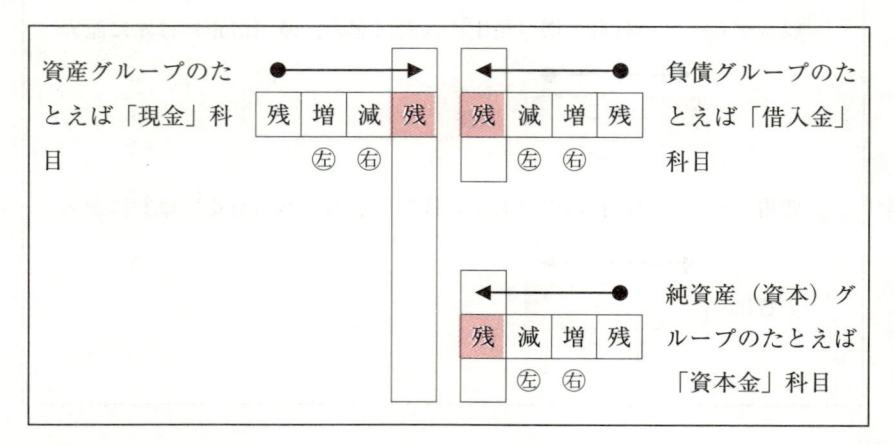

## 第2章　英文簿記と英文会計

　実は，これが世に言うバランスシート（Balance Sheet＝「終わりの残」表）の原形です。

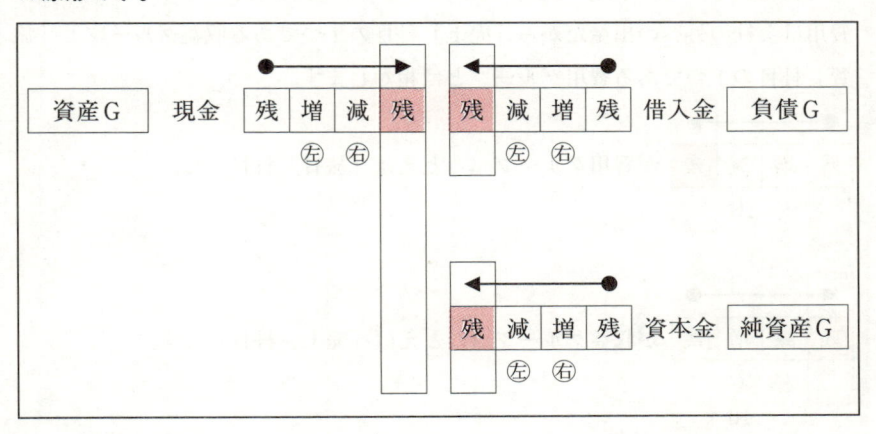

| 資産G | 現金 | 残 | 増 | 減 | 残 |　| 残 | 減 | 増 | 残 | 借入金 | 負債G |
|---|---|---|---|---|---|---|---|---|---|---|---|---|
|  |  | 左 | 右 |  |  |  |  | 左 | 右 |  |  |  |

| | | 残 | 減 | 増 | 残 | 資本金 | 純資産G |
|---|---|---|---|---|---|---|---|
| | | | 左 | 右 | | | |

　これがバランス・シートの原形だからバランス・シート（残の・表）です。

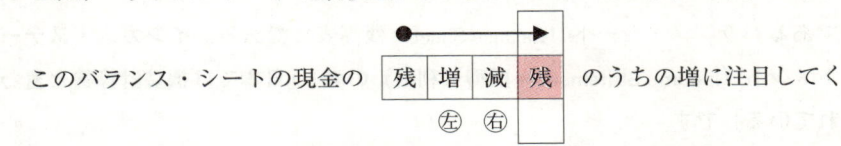

　このバランス・シートの現金の　残｜増｜減｜残　のうちの増に注目してください。この増が10で，それは売上（収益グループの科目）が10上がったから10現金が入ってきたとします。

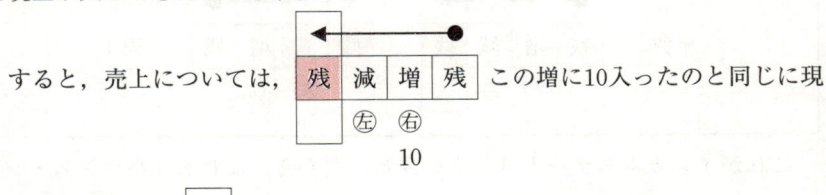

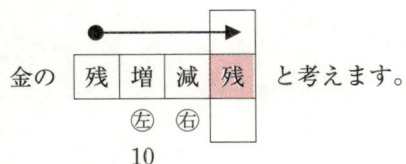

　すると，売上については，　残｜減｜増｜残　この増に10入ったのと同じに現金の　残｜増｜減｜残　と考えます。
10

第 Ⅰ 部

　この売上10を上げるのに，8費用（旅費）がかかったとします。世の言葉では［費用（8）対　効果＝売上（10)]となり，売上は会社の外からの入金，費用は会社の外への出金だから「売上」科目の1つである収益グループと「旅費」科目の1つである費用グループとは相対（あいたい）します。

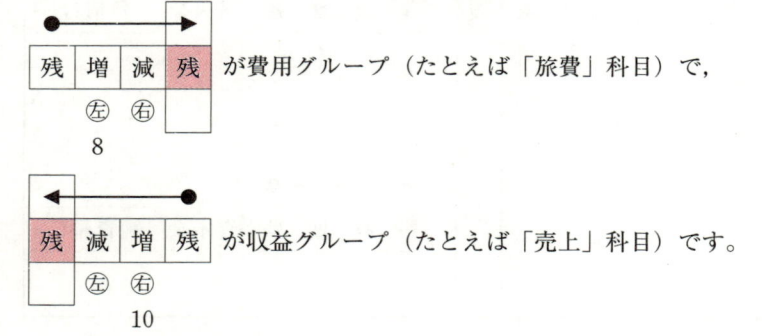

| 残 | 増 | 減 | 残 | が費用グループ（たとえば「旅費」科目）で，
　　㊧　㊨
　　8

| 残 | 減 | 増 | 残 | が収益グループ（たとえば「売上」科目）です。
　㊧　㊨
　　10

　これが「世に言う費用対効果」の表である費用グループと収益グループの表であるバランス・シート（Balance Sheet＝残高表）である，**インカム・ステートメント（Income Statement＝所得（利益）の表）[日本では損益計算書と言われている]**です。

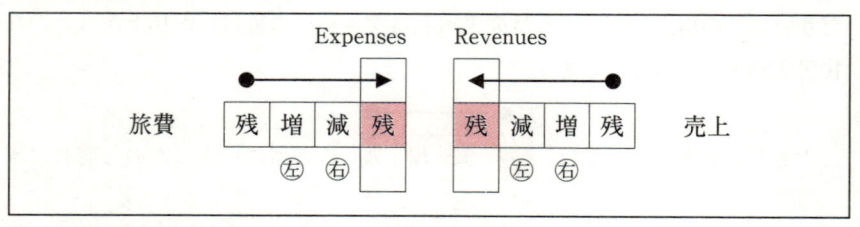

　　　　　　　　　　Expenses　　Revenues
旅費　| 残 | 増 | 減 | 残 |　| 残 | 減 | 増 | 残 |　売上
　　　　　　㊧　㊨　　　　　　　㊧　㊨

　これがインカムステートメントの原形，だから，これも「バランス・シート」（残の・表）です。

英語では，次のようになります。

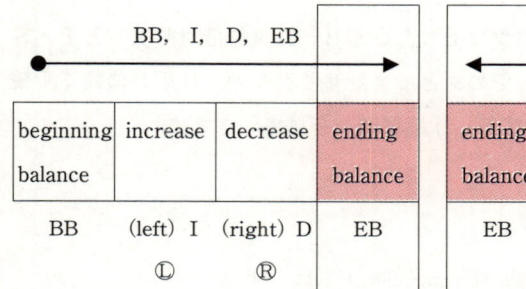

| | BB, I, D, EB | | | | EB, D, I, BB | | |
|---|---|---|---|---|---|---|---|
| beginning balance | increase | decrease | ending balance | ending balance | decrease | increase | beginning balance |
| BB | (left) I | (right) D | EB | EB | (left) D | (right) I | BB |
| | Ⓛ | Ⓡ | | | Ⓛ | Ⓡ | |

第 I 部

## 3 B／SとI／Sの形式（Forms of Balance Sheet and Income Statement）

次に，会計サイクルの最後のプロセスとなるB／S（貸借対照表）とI／S（損益計算書）を先に見ます。そのあとで会計サイクルの「仕訳」に続く手続きの「(元帳への)転記」，「試算表」，「精算表」を見ていきます。

### (1) B／S（貸借対照表）

貸借対照表（Balance Sheet：B／S）

| 資産グループの科目の残 (EB) | ① 資産（Assets）<br>　流動資産（Current Assets）<br>　現金（Cash）<br>　短期有価証券（Marketable Securities）<br>　売掛金（Accounts Receivable）<br>　たな卸資産（Inventories）<br>　前払費用（Prepaid Expenses）<br><br>　非流動資産（Noncurrent Assets）<br>　有形固定資産（Property, Plant and Equipment）<br>　　土地（Land）<br>　　建物・設備（Buildings & Equipment）<br>　長期投資（Long-term Investments）<br>　無形固定資産（Intangible Assets） | ② 負債（Liabilities）<br>　流動負債（Current Liabilities）<br>　買掛金（Accounts Payable）<br>　未払費用（Accrued Expenses）<br>　未払税金（Taxes Payable）<br>　借入金（Loans Payable）<br>　前受収益（Deferred Revenues）<br>　非流動負債（Noncurrent Liabilities）<br>　社債（Bonds Payable）<br>　長期借入金（Long-term Loans Payable）<br><br>③ 純資産（Shareholders' Equity）<br>　資本金（Capital Stock）<br>　株式払込剰余金（Additional Paid-in Capital）<br>　利益剰余金（Retained Earnings） | 負債グループの科目の残 (EB)<br><br>純資産グループの科目の残 (EB) |

（注）EBは終わりの残（Ending Balance）を表わします。

## ⑵ I／S（損益計算書）

損益計算書をA法とB法の2つの形式で示します。A法はB／Sと同じ形式で表わされます。B法は，上から収益 → 費用 → 当期純利益とする形式です。実務ではB法を使いますが，A法は科目のグループを一覧で示しているため簿記の仕組みがよく分かるメリットがあります。

損益計算書（Income Statement：I／S）A法

費用グループの科目の残

② 費用（Expenses）
売上原価（Cost of Goods Sold）
販売費・一般管理費（Selling and Administrative Expenses）
その他の費用（Other Expenses）
　　支払利息（Interest Expense）
法人税等（Income Tax Expense）

① 収益（Revenues）
売上（Sales）
その他の収益（Other Revenues）
　　受取利息（Interest Revenue）
　　受取配当金（Dividends Revenue）

収益グループの科目の残

①－②＝③
当期純利益（Net Income）

第 I 部

## 損益計算書（Income Statement：I／S）B法

| ① 売上（Sales） |
| ② 売上原価（Cost of Goods Sold） |
| ③ 販売費・一般管理費（Selling, General and Administrative Expenses） |
| ①−(②＋③)＝④ 営業利益（Operating Income） |
| ⑤ その他の収益（Other Revenues）<br>　　受取利息（Interest Revenue）<br>　　受取配当金（Dividends Revenue）<br>⑥ その他の費用（Other Expenses）<br>　　支払利息（Interest Expense） |
| ④＋⑤−⑥＝⑦ 税引前当期純利益（Income before Income Taxes） |
| ⑧ 法人税等（Income Tax Expense） |
| ⑦−⑧＝⑨ 当期純利益（Net Income） |

## 4 転　　記（Posting）

### (1) 仕訳帳から元帳への「転記のあらまし」

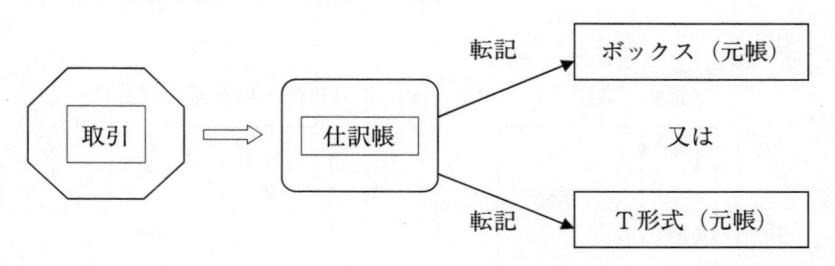

```
                            転記    ┌──────────────┐
                         ┌────────→ │ ボックス（元帳）│
┌──────┐      ┌──────┐  │          └──────────────┘
│ 取引 │ ⇒   │ 仕訳帳 │─┤              又は
└──────┘      └──────┘  │          ┌──────────────┐
                         └────────→ │ T形式（元帳）  │
                            転記    └──────────────┘
```

　簿記では取引の発生順に仕訳が行われます。そして，それぞれの残高増減を計算するために科目ごとのボックス〔元帳（Ledger）〕またはT形式〔元帳（Ledger）〕を作ります。

$$\begin{array}{cccccccc} BB & I & D & EB & EB & D & I & BB \\ \bullet & & & & & & & \bullet \end{array}$$

　この仕訳帳からボックス〔元帳，すなわち残　増　減　残，残　減　増　残の箱〕またはT形式（T Account）〔元帳〕に書き写す作業が転記（Posting）です。

　このボックスとT形式についてはあとで詳しく説明します。ここでは，転記のときにこのような形式を使うということだけを知っておいてください。

第Ⅰ部

① ボックス〔残 増 減 残, 残 減 増 残 の箱〕

　　●────────▶　　　　　　　　◀────────●
　　残　増　減　残　　　　　　　残　減　増　残

　　　　科目　　　　　　　　　　　　科目
　　（資産・費用G）　　　　　　（負債・純資産・収益G）

| | | | | | | |
|---|---|---|---|---|---|---|
| BB | 残 | | | | 残 | BB |
| | | 減 | D | D | 減 | |
| I | 増 | | | | 増 | I |
| | | 残 | EB | EB | 残 | |

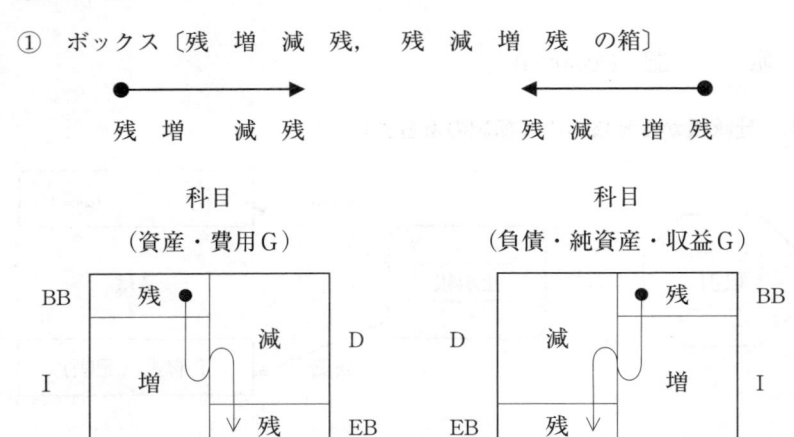

② T形式

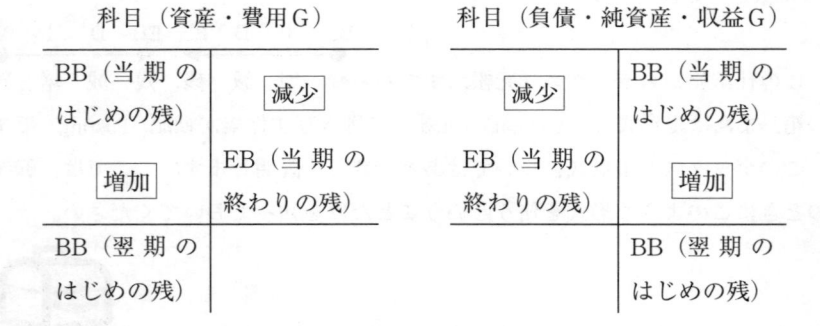

科目（資産・費用G）

| BB（当期の はじめの残） | 減少 |
|---|---|
| 増加 | EB（当期の 終わりの残） |
| BB（翌期の はじめの残） | |

科目（負債・純資産・収益G）

| 減少 | BB（当期の はじめの残） |
|---|---|
| EB（当期の 終わりの残） | 増加 |
| | BB（翌期の はじめの残） |

（注）費用グループの科目と収益グループの科目の「はじめの残（BB）」はゼロです。

## 第2章　英文簿記と英文会計

### (2) T形式の元帳への転記と元帳の締切り

T形式（T Account）の元帳は，次のような仕組みでできています。資産グループの科目，負債グループの科目，純資産グループの科目は，次のように取り扱います。

（現金科目の例）

(1) 期末の締切り前（期中の転記）

現金（資産Gの科目）

| ①期首残高　A | ④減少 |
|---|---|
| ②増加 | ⑤減少 |
| ③増加 | |

①期首残高Aが前期末から繰り越される

期中の仕訳による増加（②③）・減少（④⑤）を転記する

⇩

(2) 期末の締切り

現金（資産Gの科目）

| ①期首残高　A | ④減少 |
|---|---|
| ②増加 | ⑤減少 |
| ③増加 | ⑥差額　B |
| 合計〔①A+（②③）〕 | 合計〔（④⑤）+⑥B〕 |
| ⑦翌期首残高　B | |

左側〔①A+（②③）〕と右側（④⑤）の差額（⑥）を計算し，差額Bを右側に記入する

左側と右側の夫々の合計を出す（左側の合計と右側の合計は一致する）

⑥差額Bの金額を⑦翌期首残高として左側に記入する

費用グループの科目および収益グループの科目は，期末の残高が損益科目（中間科目）に振り替えられ，期末の残高と翌期のはじめの残高がゼロになります。その結果，（収益－費用）がプラスの場合にはその差額が利益剰余金（純資産グループの科目）に追加され，マイナスの場合にはその差額が利益剰余金から差し引かれます。詳しくは，「第4章　収益と費用」で説明します。

第 Ⅰ 部

　前記の仕組みにより，Ｔ形式（元帳）が締め切られ，資産グループの科目，負債グループの科目，純資産グループの科目の当期末の残高が翌期首（翌期のはじめ）の残高として繰り越されます。

---

**重要なポイント**

❶　資産グループの科目は，Ｔ形式の元帳の締切りで右側に差額が出て，その差額が期末の残高となる。

❷　負債グループの科目，純資産グループの科目は，Ｔ形式の元帳の締切りで左側に差額が出て，その差額が期末の残高となる。

❸　資産グループの科目，負債グループの科目，純資産グループの科目は，3つとも，期末の残高が翌期のはじめの残高として繰り越される。

❹　収益グループの科目，費用グループの科目は，期末に残高が最終的にゼロとなるため，翌期への繰越はない。

---

　前記の「Ｔ形式の元帳」の締切りについて，読者の参考のために，ハーバードビジネススクールのロバート・アンソニー教授の説明を出典とともに次ページに示しました。

## 第2章 英文簿記と英文会計

### T形式（T Account）についてのアンソニー教授の説明

ハーバードビジネススクールのロバート・アンソニー教授は，著書『マネジメント・アカウンティング』のなかでT形式（T Account）について次のように説明しています。

（出典）Robert N. Anthony, Management Accounting, *TEXT AND CASES*, Fourth Edition, Richard D. Irwin, Inc., Homewood, Illinois, 1970, p. 93 – 94.


（この本の著者の訳）
### 科目（勘定）の締切り線引きと左右の金額合わせ

　会計期間の終了時に，各勘定が財務諸表の作成のために便利な形となるように，また翌期に記入を累積していけるように，各勘定の下に線を引き勘定の左側と右側を合わせる。そのために次の手順がよくとられる。最初に，左側と右側の夫々の欄の合計額同士が等しくなるように，適切な方の欄に左側と右側を合わせるための金額を記入する。次に，左側と右側の夫々の合計額を表示し，会計期間の終了を表わすために，夫々の合計額の下に二重線を引く。最後に，左側と右側を合わせるための金額を記入した側と反対の側に，新しい残高を翌期の開始残高として'下してくる'。

### Ruling and Balancing Accounts

　At the end of the accounting period, each account is ruled and balanced so that it is in a convenient form for the preparation of financial statements and ready to begin accumulating entries for the coming period. A frequently followed procedure is as follows: First, a balancing amount is written in the appropriate column so as to make equal totals in both columns. The totals are then shown and double – ruled to indicate the end of the accounting period sequence. Finally, the new balance is "brought down" on the opposite side from that in which it was first written, as the initial figure for the new period.

第 I 部

## 5　残高試算表と精算表（Trial Balance and Work Sheet）

### (1)　あらまし

　元帳の各科目の残高を1つにした表が残高試算表（Trial Balance＝試行の残）です。残高試算表は，ある時点の科目名とそれぞれの科目の残高を元帳記入のルールにしたがって左側と右側に記入する表です。残高試算表の一番下の左側と右側の合計数字は一致します。

　残高試算表は2つの目的で作成します。1つ目は，試算表の左側と右側の合計数字が一致しているかどうかを試すためです。2つ目は，元帳の記録を合計して財務諸表作成の準備（試行）をするためです。

　残高試算表の次に，精算表（Work Sheet）で決算整理（Adjustments）をします。この精算表のあとに，貸借対照表，損益計算書などの財務諸表を作成します。この試算表と精算表についてはあとの章で少し詳しく説明します。ここでは元帳にもとづいて残高試算表を作り，そこから貸借対照表，損益計算書に行きつく流れを理解してください。

　次に，残高試算表と精算表の見本を示します。その形式を見てください。

## 試行の残表（残高試算表）

残高試算表の様式は，以下のとおりです。

### 残高試算表（Trial Balance）
### 200X年12月31日現在

| | 科　目 | 左　側<br>（残） | 右　側<br>（残） |
|---|---|---|---|
| 資産G | 現金（Cash） | XXX | |
| | 貸付金（Loans receivable） | XXX | |
| | 車（Automotive equipment） | XXX | |
| 負債G | 借入金（Loans payable） | | XXX |
| 純資産G | 資本金（Capital stock） | | XXX |
| 収益G | 売上（Sales） | | XXX |
| 費用G | 給料（Salaries expense） | XXX | |
| | 税金（Tax expense） | XXX | |
| | | XXX | XXX |

| 残 | 増 | 減 | 残 |　| 残 | 減 | 増 | 残 |

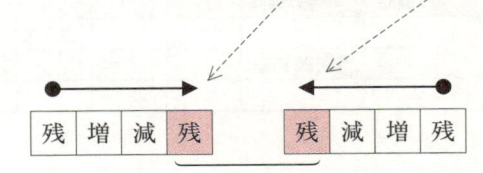

「終わりの残」の合計は残高試算表の左側と右側で一致する

第 Ⅰ 部

## 精算表（Work Sheet）

精算表の様式は，以下のとおりです。

### 精算表（作業シート）（Work Sheet）

| 科目のグループ（G） | 科目名 | Trial Balance (Unadjusted) 残高試算表 | | Adjustment 決算整理 | | Balance B／S 貸借対照表 | | Balance I／S 損益計算書 | |
|---|---|---|---|---|---|---|---|---|---|
| | | 科目 | 科目 | 科目 | 科目 | 科目 | 科目 | 科目 | 科目 |
| 資産G | 現金 | XXX | | | | XXX | | | |
| | 貸付金 | XXX | | | | XXX | | | |
| | 車 | XXX | | | | XXX | | | |
| 負債G | 借入金 | | XXX | | | | XXX | | |
| 純資産G | 資本金 | | XXX | | | | XXX | | |
| 収益G | 売上 | | XXX | | | | | | XXX |
| 費用G | 給料 | XXX | | | | | | XXX | |
| | 税金 | XXX | | | | | | XXX | |
| | | XXX | XXX | | | | | | |
| 費用G | 減価償却費 | | | XXX | | | | XXX | |
| 負債G | 減価償却累計額 | | | | XXX | | XXX | | |
| | | | | XXX | XXX | XXX | XXX | XXX | XXX |
| | 当期純利益 | | | | | | XXX | XXX | |
| | | | | | | XXX | XXX | XXX | XXX |

次に，　資産グループ　　　｝から各グループについて「科目の四マス」
　　　　負債グループ　　　　による2科目ずつの
　　　　純資産グループ　　　試行の残表（試行＝Trial，残＝Balanceで
　　　　費用グループ　　　　Trial Balance）を一覧してください。
　　　　収益グループ

第2章 英文簿記と英文会計

(2) 「科目の四マス」試行の残（残高試算表）[Trial Balance]

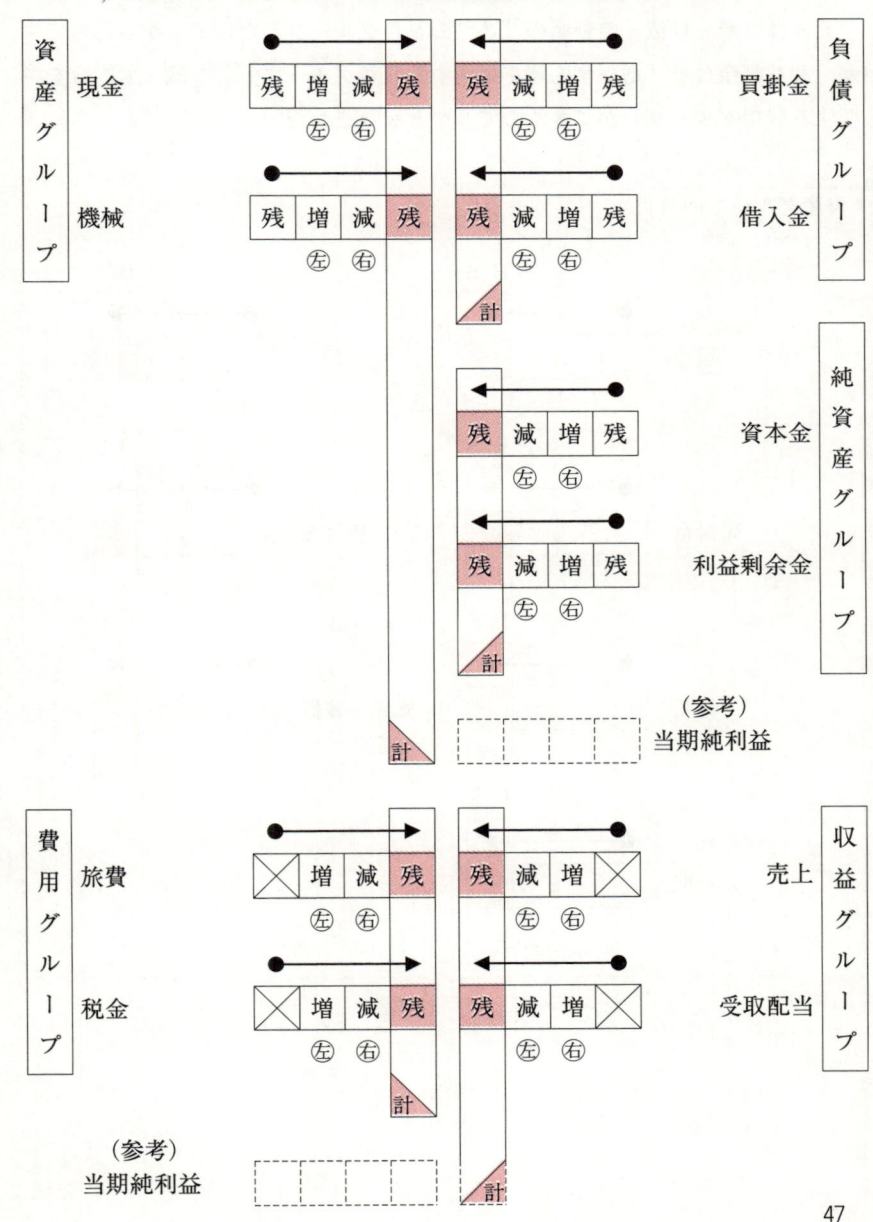

| グループ | 科目 | 残 | 増 | 減 | 残 |   | 残 | 減 | 増 | 残 | 科目 | グループ |
|---|---|---|---|---|---|---|---|---|---|---|---|---|
| 資産グループ | 現金 | 残 | 増(左) | 減(右) | 残 | ← | 残 | 減(左) | 増(右) | 残 | 買掛金 | 負債グループ |
| 資産グループ | 機械 | 残 | 増(左) | 減(右) | 残 | ← | 残 | 減(左) | 増(右) | 残 | 借入金 | 負債グループ |
|   |   |   |   |   |   |   | 計 |   |   |   |   |   |
|   |   |   |   |   |   |   | 残 | 減(左) | 増(右) | 残 | 資本金 | 純資産グループ |
|   |   |   |   |   |   |   | 残 | 減(左) | 増(右) | 残 | 利益剰余金 | 純資産グループ |
|   |   |   |   |   | 計 |   | 計 |   |   |   |   |   |

（参考）当期純利益 ☐☐☐☐

| グループ | 科目 | ✕ | 増 | 減 | 残 |   | 残 | 減 | 増 | ✕ | 科目 | グループ |
|---|---|---|---|---|---|---|---|---|---|---|---|---|
| 費用グループ | 旅費 | ✕ | 増(左) | 減(右) | 残 | ← | 残 | 減(左) | 増(右) | ✕ | 売上 | 収益グループ |
| 費用グループ | 税金 | ✕ | 増(左) | 減(右) | 残 | ← | 残 | 減(左) | 増(右) | ✕ | 受取配当 | 収益グループ |
|   |   |   |   |   | 計 |   | 計 |   |   |   |   |   |

（参考）当期純利益 ☐☐☐☐

47

第 I 部

(3) 5つの「科目グループ」とその科目

元々は資産・負債・純資産の「3つの科目グループ」だけでよかったのですが，利益剰余金を「増やす内容を説明する収益グループ」と「減らす内容を説明する費用グループ」ができたので5つとなりました。

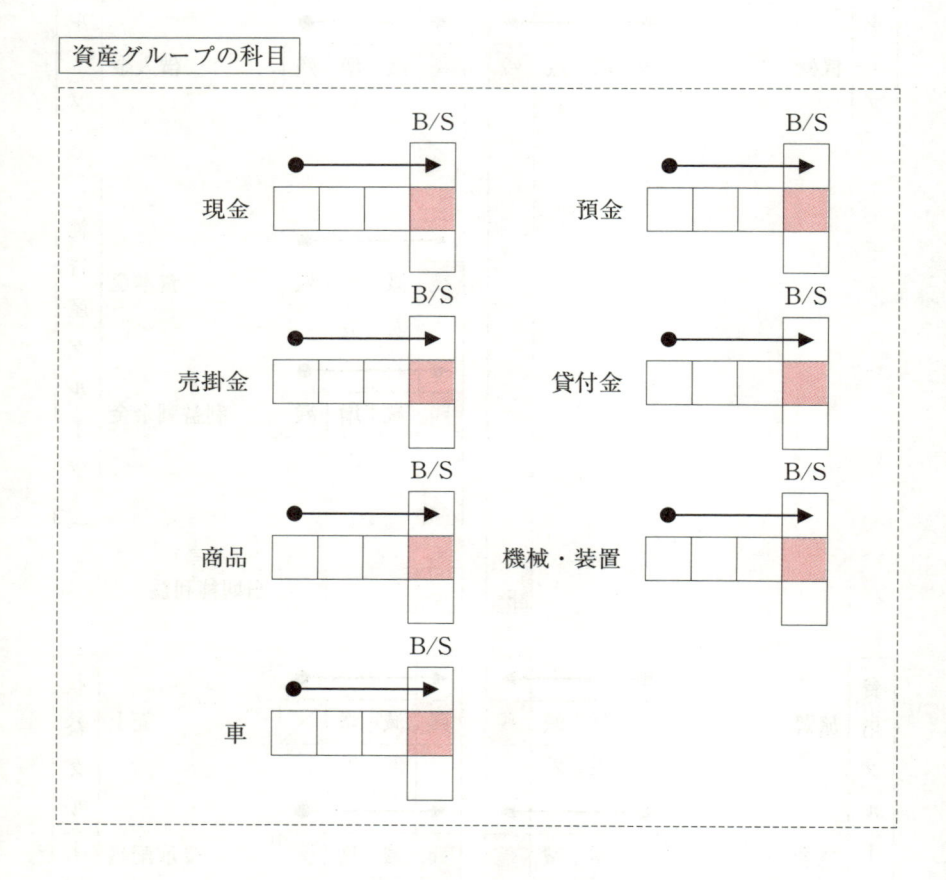

資産グループの科目

| 現金 | 預金 |
| 売掛金 | 貸付金 |
| 商品 | 機械・装置 |
| 車 | |

第2章 英文簿記と英文会計

> 費用グループの科目

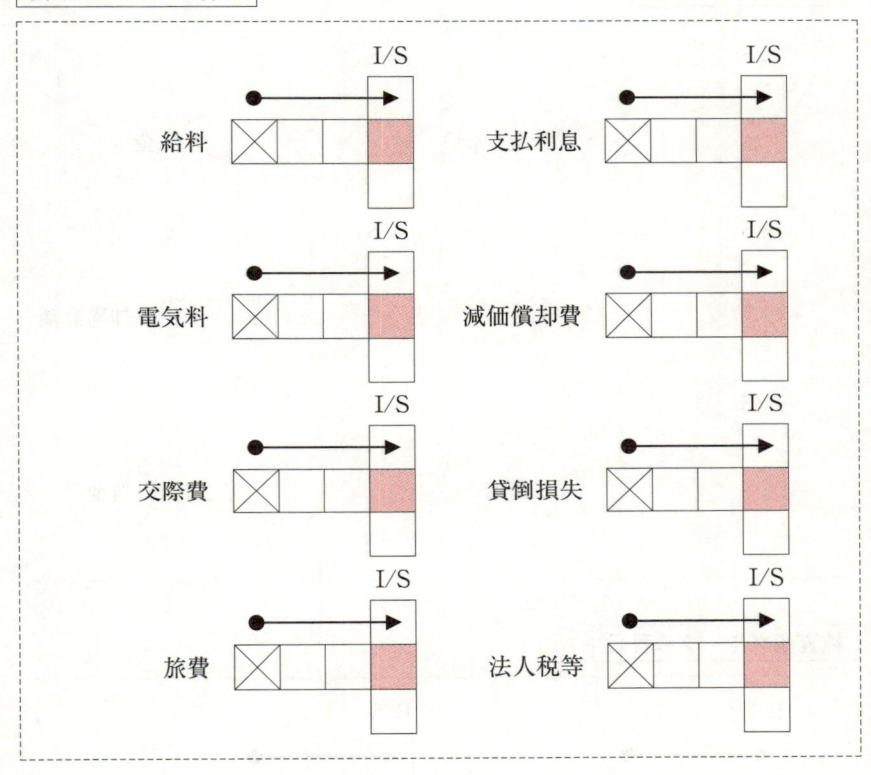

給料

電気料

交際費

旅費

支払利息

減価償却費

貸倒損失

法人税等

第 Ⅰ 部

負債グループの科目

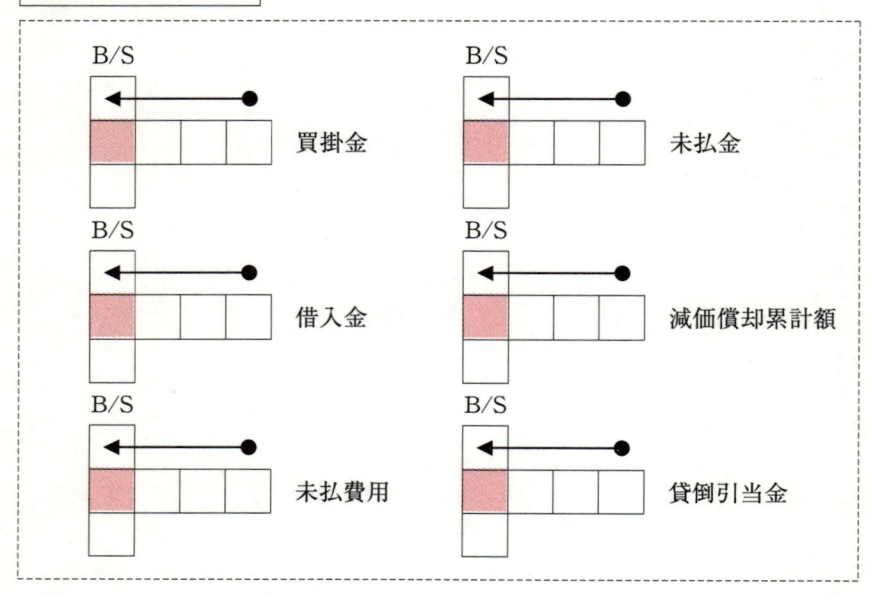

| B/S | 買掛金 | B/S | 未払金 |
| B/S | 借入金 | B/S | 減価償却累計額 |
| B/S | 未払費用 | B/S | 貸倒引当金 |

純資産グループの科目

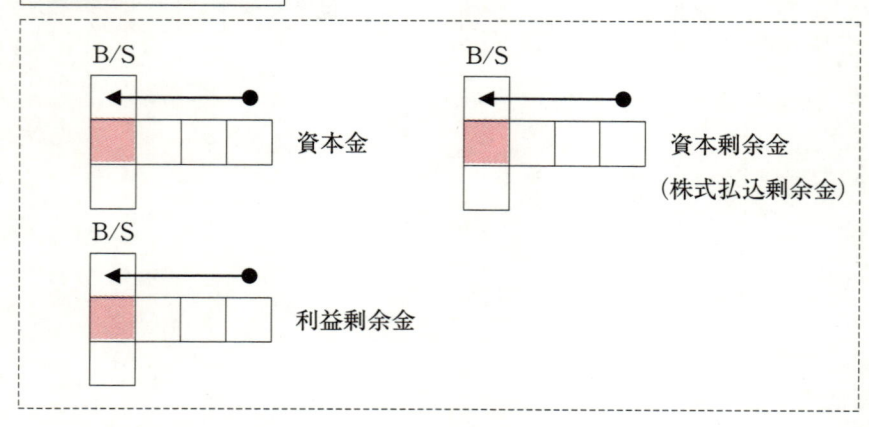

| B/S | 資本金 | B/S | 資本剰余金（株式払込剰余金） |
| B/S | 利益剰余金 | | |

第2章 英文簿記と英文会計

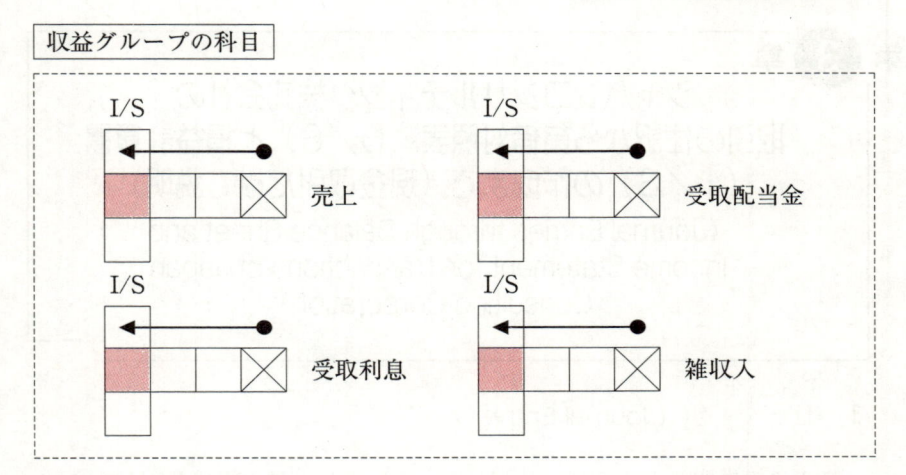

収益グループの科目

- I/S ← 売上
- I/S ← 受取配当金
- I/S ← 受取利息
- I/S ← 雑収入

# 第3章 ジャパンコンサルティング株式会社の取引の仕訳から貸借対照表（B／S）と損益計算書（I／S）の作成まで（現金取引だけで説明）
(Journal Entries through Balance Sheet and Income Statement for Transactions of Japan Consulting Corporation)

## 1　仕　訳（Journal Entry）

　第2章で説明したように，仕訳（Journal Entry）とは，複式簿記（Double-entry Book-keeping）のルールで，取引を左Lと右Rとに分解し，これらを仕訳帳に記入することです。これを，以下のジャパンコンサルティング株式会社の200X年1月の取引で見ます。

**ジャパンコンサルティング株式会社の200X年1月の取引内容**

(1)　1月1日，アダムスさんは現金で10,000ドルを出資してコンサルティング会社を設立しました。
(2)　1月10日，銀行から20,000ドル借り入れました。
(3)　1月15日，売上（コンサルティング収入）が現金で17,000ドル入りました。
(4)　1月25日，人件費7,000ドルを現金で払いました。
(5)　1月26日，他の会社へ現金3,000ドルを貸しました。
(6)　1月28日，現金5,000ドルで車を買い入れました。
(7)　1月31日，税込利益10,000ドル（売上17,000ドル－給料7,000ドル）の40％の税金4,000ドルを現金で払いました。

第3章　ジャパンコンサルティング株式会社の取引の仕訳から貸借対照表（B／S）と損益計算書（I／S）の作成まで（現金取引だけで説明）

この取引を1つずつ仕訳して仕訳帳に記入していきます。

(1) 1月1日にアダムスさんは現金で10,000ドルを出資してコンサルティング会社を設立しました。この取引を現金（資産Gの科目）の増と資本金（純資産Gの科目）の増とに分解します。この仕訳を仕訳帳に記入します。

　左Ⓛ現金（資産Gの科目）10,000　／　右Ⓡ資本金（純資産Gの科目）10,000

(2) 1月10日に銀行から20,000ドル借り入れました。借入により現金が入ってきますので、この取引を現金（資産Gの科目）の増と借入金（負債Gの科目）の増とに分解します。この仕訳を仕訳帳に記入します。

　左Ⓛ現金（資産Gの科目）20,000　／　右Ⓡ借入金（負債Gの科目）20,000

(3) 1月15日にコンサルティング収入17,000ドルを顧客から現金で受け取りました。この取引を、現金（資産Gの科目）の増と売上（収益Gの科目）の増とに分解します。この仕訳を仕訳帳に記入します。

　左Ⓛ現金（資産Gの科目）17,000　／　右Ⓡ売上（収益Gの科目）17,000

(4) 1月25日、従業員に給料を7,000ドル現金で支払いました。従業員に支払われた給料は費用であり、この取引を、給料（費用Gの科目）の増と現金（資産Gの科目）の減とに分解します。この仕訳を仕訳帳に記入します。

　左Ⓛ給料（費用Gの科目）7,000　／　右Ⓡ現金（資産Gの科目）7,000

(5) 1月26日に他の会社に現金で3,000ドル貸しました。貸付金は将来返済してもらえる資産ですので、この取引を貸付金（資産Gの科目）の増と現金（資産Gの科目）の減とに分解します。この仕訳を仕訳帳に記入します。

　左Ⓛ貸付金（資産Gの科目）3,000　／　右Ⓡ現金（資産Gの科目）3,000

第 Ⅰ 部

(6) 1月28日に現金5,000ドルで車を買い入れました。車はコンサルティング会社で使うため，会社の資産になります。この取引を車（資産Gの科目）の増と現金（資産Gの科目）の減とに分解します。この仕訳を仕訳帳に記入します。

㊧Ⓛ車（資産Gの科目）5,000　／　㊨Ⓡ現金（資産Gの科目）5,000

(7) 200X年1月の利益が税込み（税引前）で10,000ドル（売上17,000ドル－給料7,000ドル）になりました。この税引前利益10,000ドルの40％の税金4,000ドルを1月31日に現金で払いました。税金の支払いは費用です。この取引を税金（費用Gの科目）と現金（資産Gの科目）に分解します。この仕訳を仕訳帳に記入します。

㊧Ⓛ税金（費用Gの科目）4,000　／　㊨Ⓡ現金（資産Gの科目）4,000

　以上のジャパンコンサルティング株式会社の200X年1月の取引を，日付順に仕訳帳で見ます。

| | | | | | | | | |
|---|---|---|---|---|---|---|---|---|
| (1) | 1／1 | ㊧Ⓛ | 現金 | 10,000 | ／ | ㊨Ⓡ | 資本金 | 10,000 |
| (2) | 1／10 | ㊧Ⓛ | 現金 | 20,000 | ／ | ㊨Ⓡ | 借入金 | 20,000 |
| (3) | 1／15 | ㊧Ⓛ | 現金 | 17,000 | ／ | ㊨Ⓡ | 売上 | 17,000 |
| (4) | 1／25 | ㊧Ⓛ | 給料 | 7,000 | ／ | ㊨Ⓡ | 現金 | 7,000 |
| (5) | 1／26 | ㊧Ⓛ | 貸付金 | 3,000 | ／ | ㊨Ⓡ | 現金 | 3,000 |
| (6) | 1／28 | ㊧Ⓛ | 車 | 5,000 | ／ | ㊨Ⓡ | 現金 | 5,000 |
| (7) | 1／31 | ㊧Ⓛ | 税金 | 4,000 | ／ | ㊨Ⓡ | 現金 | 4,000 |

第3章 ジャパンコンサルティング株式会社の取引の仕訳から貸借対照表（B／S）と損益計算書（I／S）の作成まで（現金取引だけで説明）

## アメリカの仕訳の記入方法

アメリカでは，通常，次のように取引の仕訳を仕訳帳に記入します。

| Date（日付） | Accounts（科目） | Debit（借方） | Credit（貸方） |
|---|---|---|---|
| January, 1, 200X<br>（200X年1月1日） | Cash（現金）<br>　　Paid－in Capital（払込資本） | 10,000 | 10,000 |
| January, 10, 200X<br>（200X年1月10日） | Cash（現金）<br>　　Loans Payable（借入金） | 20,000 | 20,000 |
| | ↓ | | |

個別の仕訳は，通常，次のように表わします。

　　　　Dr.　Cash　　　　　　　20,000
　　　　　Cr.　Loans Payable　　　　20,000

（注）Dr.はDebitの略で借方を意味します。Cr.はCreditの略で貸方を意味します。
　　個別の仕訳では，Dr.またはCr.の記載を省略することがあります。

この本では，わかりやすくするために次の形式で仕訳を表わします。

　　左Ⓛ　現金　20,000　／　右Ⓡ　借入金　20,000

また，この本では借方，貸方をまったく使わずに，仕訳では　左Ⓛ，右Ⓡで表わします。

第 Ⅰ 部

## 2 元帳への転記（Posting to Ledger）

ジャパンコンサルティング株式会社の200X年1月の取引と1月31日の締切りを科目ごとのT形式の元帳に記入します。ＢＢははじめの残高（Beginning Balance），ＥＢは終わりの残高（Ending Balance）です。

### (1) 期末の締切り前（期中の転記）

「第2章 英文簿記と英文会計 4 転記」を参考にしてください。ジャパンコンサルティング株式会社の200X年1月の期中取引のT形式（元帳）への記入は次のようになります。

| 現金（資産Gの科目） | | | |
|---|---|---|---|
| 1／1 BB | 0 | 1／25 | 7,000 |
| 1／1 | 10,000 | 1／26 | 3,000 |
| 1／10 | 20,000 | 1／28 | 5,000 |
| 1／15 | 17,000 | 1／31 | 4,000 |

| 貸付金（資産Gの科目） | | | |
|---|---|---|---|
| 1／1 BB | 0 | | |
| 1／26 | 3,000 | | |

| 車（資産Gの科目） | | | |
|---|---|---|---|
| 1／1 BB | 0 | | |
| 1／28 | 5,000 | | |

| 借入金（負債Gの科目） | | | |
|---|---|---|---|
| | | 1／1 BB | 0 |
| | | 1／10 | 20,000 |

|  資本金（純資産Gの科目）  |||
|---|---|---|
|  | 1／1 BB | 0 |
|  | 1／1 | 10,000 |

|  売上（収益Gの科目）  |||
|---|---|---|
|  | 1／1 BB | × |
|  | 1／15 | 17,000 |

|  給料（費用Gの科目）  |||
|---|---|---|
| 1／1 BB | × | |
| 1／25 | 7,000 | |

|  税金（費用Gの科目）  |||
|---|---|---|
| 1／1 BB | × | |
| 1／31 | 4,000 | |

### (2) 期末の締切

次に，ジャパンコンサルティング株式会社の200X年1月31日の期末の締切りをT形式（元帳）に記入すると次のようになります。

|  現金（資産Gの科目）  ||||
|---|---|---|---|
| 1／1 BB | 0 | 1／25 | 7,000 |
| 1／1 | 10,000 | 1／26 | 3,000 |
| 1／10 | 20,000 | 1／28 | 5,000 |
| 1／15 | 17,000 | 1／31 | 4,000 |
|  |  | 1／31EB | 28,000 |
|  | 47,000 |  | 47,000 |
| 2／1 BB | 28,000 |  |  |

|  貸付金（資産Gの科目）  ||||
|---|---|---|---|
| 1／1 BB | 0 |  |  |
| 1／26 | 3,000 | 1／31EB | 3,000 |
|  | 3,000 |  | 3,000 |
| 2／1 BB | 3,000 |  |  |

第 Ⅰ 部

| 車（資産Gの科目） | | | |
|---|---|---|---|
| 1／1 BB | 0 | | |
| 1／28 | 5,000 | 1／31EB | 5,000 |
| | 5,000 | | 5,000 |
| 2／1 BB | 5,000 | | |

| 借入金（負債Gの科目） | | | |
|---|---|---|---|
| | | 1／1 BB | 0 |
| 1／31EB | 20,000 | 1／10 | 20,000 |
| | 20,000 | | 20,000 |
| | | 2／1 BB | 20,000 |

| 資本金（純資産Gの科目） | | | |
|---|---|---|---|
| | | 1／1 BB | 0 |
| 1／31EB | 10,000 | 1／1 | 10,000 |
| | 10,000 | | 10,000 |
| | | 2／1 BB | 10,000 |

| 売上（収益Gの科目） | | | |
|---|---|---|---|
| | | 1／1 BB | × |
| 1／31(注) | 17,000 | 1／15 | 17,000 |
| | 17,000 | | 17,000 |
| | | 2／1 BB | × |

| 給料（費用Gの科目） | | | |
|---|---|---|---|
| 1／1 BB | × | | |
| 1／25 | 7,000 | 1／31(注) | 7,000 |
| | 7,000 | | 7,000 |
| 2／1 BB | × | | |

| 税金（費用Gの科目） | | | |
|---|---|---|---|
| 1／1 BB | × | | |
| 1／31 | 4,000 | 1／31(注) | 4,000 |
| | 4,000 | | 4,000 |
| 2／1 BB | × | | |

（注）売上（収益Gの科目），給料（費用Gの科目），税金（費用Gの科目）は，期末に残高が損益科目（中間科目）に振り替えられ，期末の残高と翌期のはじめの残高がゼロになります。収益グループおよび費用グループの期のはじめの残高がゼロであることを前記のT形式では×と表示しています。損益科目については，「第4章　収益と費用」で説明します。

## 3 残高試算表（Trial Balance）

　会計サイクルでは，元帳への転記のあと，残高試算表を作ります。次に，精算表のなかで決算整理仕訳（Adjusting Entry）をして，貸借対照表と損益計算書を作成します。

　そのあらましを見るために，ジャパンコンサルティング株式会社の取引例にもとづいて，残高試算表（Trial Balance）と精算表（Work Sheet）を作ってみます。そして，損益計算書と貸借対照表を作ります。

　最初に，決算整理をする前のジャパンコンサルティング株式会社の残高試算表を作ります。残高試算表を作るためには，それぞれの科目の元帳の期末残高（Ending Balance，E B）を残高試算表に移します。残高試算表の左側と右側の残高の合計は必ず一致します。

**ジャパンコンサルティング株式会社**
**元帳・残高試算表・精算表からB／S・I／Sへのプロセス**

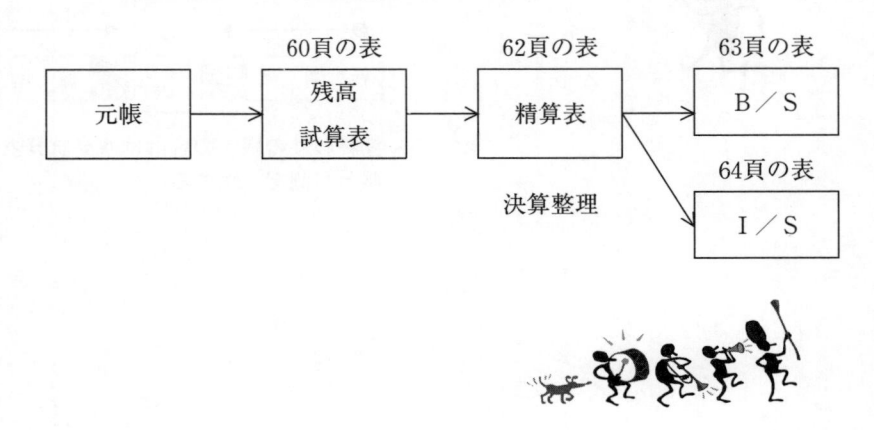

元帳 → 残高試算表（60頁の表）→ 精算表（62頁の表）→ B／S（63頁の表）／ I／S（64頁の表）

決算整理

第 I 部

## ジャパンコンサルティング株式会社
### 残高試算表（Trial Balance）
### 200X年1月31日現在（As of January 31, 200X）

| | 科目 | 左側 | 右側 |
|---|---|---|---|
| 資産Gの科目 | 現金（Cash） | $28,000 | |
| | 貸付金（Loans receivable） | 3,000 | |
| | 車（Automotive equipment） | 5,000 | |
| 負債Gの科目 | 借入金（Loans payable） | | 20,000 |
| 純資産Gの科目 | 資本金（Capital stock） | | 10,000 |
| 収益Gの科目 | 売上（Sales） | | 17,000 |
| 費用Gの科目 | 給料（Salaries expense） | 7,000 | |
| | 税金（Tax expense） | 4,000 | |
| 合計 | | $47,000 | $47,000 |

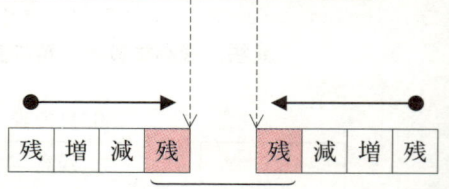

| 残 | 増 | 減 | 残 | | 残 | 減 | 増 | 残 |
|---|---|---|---|---|---|---|---|---|

「終わりの残」の合計は残高試算表の左側と右側で一致する

## 4 決算整理と精算表(Adjustments and Work Sheet)

### (1) 決算整理仕訳

通常,1ヶ月間の決算(これを月次決算といいます)をするためには,決算整理のための仕訳を行います。決算整理(Adjustments)とは期末に行う科目の修正を言います。

> ジャパンコンサルティング株式会社の200X年1月の月次決算では,簡単な取引例とするために,決算整理仕訳(Adjusting Entry)はしません。
> 第Ⅱ部と第Ⅲ部に出てくる取引例では,決算整理仕訳をします。

### (2) 精算表〔作業シート(ワーク・シート=Work Sheet)〕と財務諸表(貸借対照表と損益計算書)

残高試算表にもとづき,貸借対照表と損益計算書を作成するための作業シート(精算表)(Work Sheet)を作ると,次のようになります。

第 Ⅰ 部

### ジャパンコンサルティング株式会社
### 精算表〔作業シート（Work Sheet）〕
200X年1月31日（January 31, 200X）

| 科目のグループ（G） | 科目名 | Trial Balance (Unadjusted) 残高試算表 | | Adjustment 決算整理 | | Balance | | | |
|---|---|---|---|---|---|---|---|---|---|
| | | | | | | B/S Balance 貸借対照表 | | I/S Balance 損益計算書 | |
| | | 科目 | 科目 | 左Ⓛ | 右Ⓡ | 科目 | 科目 | 科目 | 科目 |
| 資産G | 現金 | 28,000 | | | | 28,000 | | | |
| | 貸付金 | 3,000 | | | | 3,000 | | | |
| | 車 | 5,000 | | | | 5,000 | | | |
| 負債G | 借入金 | | 20,000 | | | | 20,000 | | |
| 純資産G | 資本金 | | 10,000 | | | | 10,000 | | |
| 収益G | 売上 | | 17,000 | | | | | | 17,000 |
| 費用G | 給料 | 7,000 | | | | | | 7,000 | |
| | 税金 | 4,000 | | | | | | 4,000 | |
| | | 47,000 | 47,000 | | | | | | |
| | | | | 0 | 0 | 36,000 | 30,000 | 11,000 | 17,000 |
| | 当期純利益 | | | | | | 6,000 | 6,000 | |
| | | | | | | 36,000 | 36,000 | 17,000 | 17,000 |

## 5 ジャパンコンサルティング株式会社の「貸借対照表」(Balance Sheet of Japan Consulting Corporation)

この作業シート(Work Sheet)をもとにジャパンコンサルティング株式会社の貸借対照表を作ると次のようになります。

**ジャパンコンサルティング株式会社**

貸借対照表(Balance Sheet)

200X年1月31日現在(As of January 31, 200X)

| 資産(Assets) | | 負債および純資産(Liabilities and Shareholders' Equity) | |
|---|---:|---|---:|
| 資産(Assets) | | 負債(Liabilities) | |
| 　現金(Cash) | $28,000 | 　借入金(Loans payable) | $20,000 |
| 　貸付金(Loans receivable) | 3,000 | | |
| 　車(Automotive equipment) | 5,000 | 負債計 | 20,000 |
| | | 純資産(Shareholders' Equity) | |
| | | 　資本金(Capital stock) $10,000 | |
| | | 　利益剰余金 | |
| | | 　　(Retained earnings)　6,000 | |
| 資産計 | 36,000 | 純資産計 | 16,000 |
| 資産合計 | $36,000 | 負債および純資産合計 | $36,000 |
| (Total assets) | | (Total liabilities and shareholders' equity) | |

第 Ⅰ 部

## 6 ジャパンコンサルティング株式会社の「損益計算書」(Income Statement of Japan Consulting Corporation)

この作業シート (Work Sheet) をもとにA法によりジャパンコンサルティング株式会社の損益計算書を作ると次のようになります。

**ジャパンコンサルティング株式会社**

損益計算書 (Income Statement)

$\begin{pmatrix} 200\text{X}年1月1日から \\ 200\text{X}年1月31日まで \end{pmatrix}$

(Month of January 200X)

| 費用 (Expenses) | |
|---|---:|
| 給料 (Salaries expense) | $ 7,000 |
| 税金 (Tax expense) | 4,000 |
| 費用合計 | 11,000 |

| | |
|---|---:|
| 当期純利益 (Net income) | $ 6,000 |

| 収益 (Revenues) | |
|---|---:|
| 売上 (Sales) | $ 17,000 |
| | |
| 収益合計 | 17,000 |

これをB法により通常の損益計算書の形で表わすと次のようになります。

**ジャパンコンサルティング株式会社**

損益計算書 (Income Statement)

$\begin{pmatrix} 200\text{X}年1月1日から \\ 200\text{X}年1月31日まで \end{pmatrix}$

(Month of January 200X)

| | | |
|---|---:|---:|
| 売上 (Sales) | | $ 17,000 |
| 営業費用 (Operating expenses) | | |
| 　給料 (Salaries expense) | 7,000 | |
| 営業費用合計 (Total operating expenses) | | 7,000 |
| 税引前当期純利益 (Net income before income taxes) | | 10,000 |
| 税金 (Tax expense) | | 4,000 |
| 当期純利益 (Net income) | | $ 6,000 |

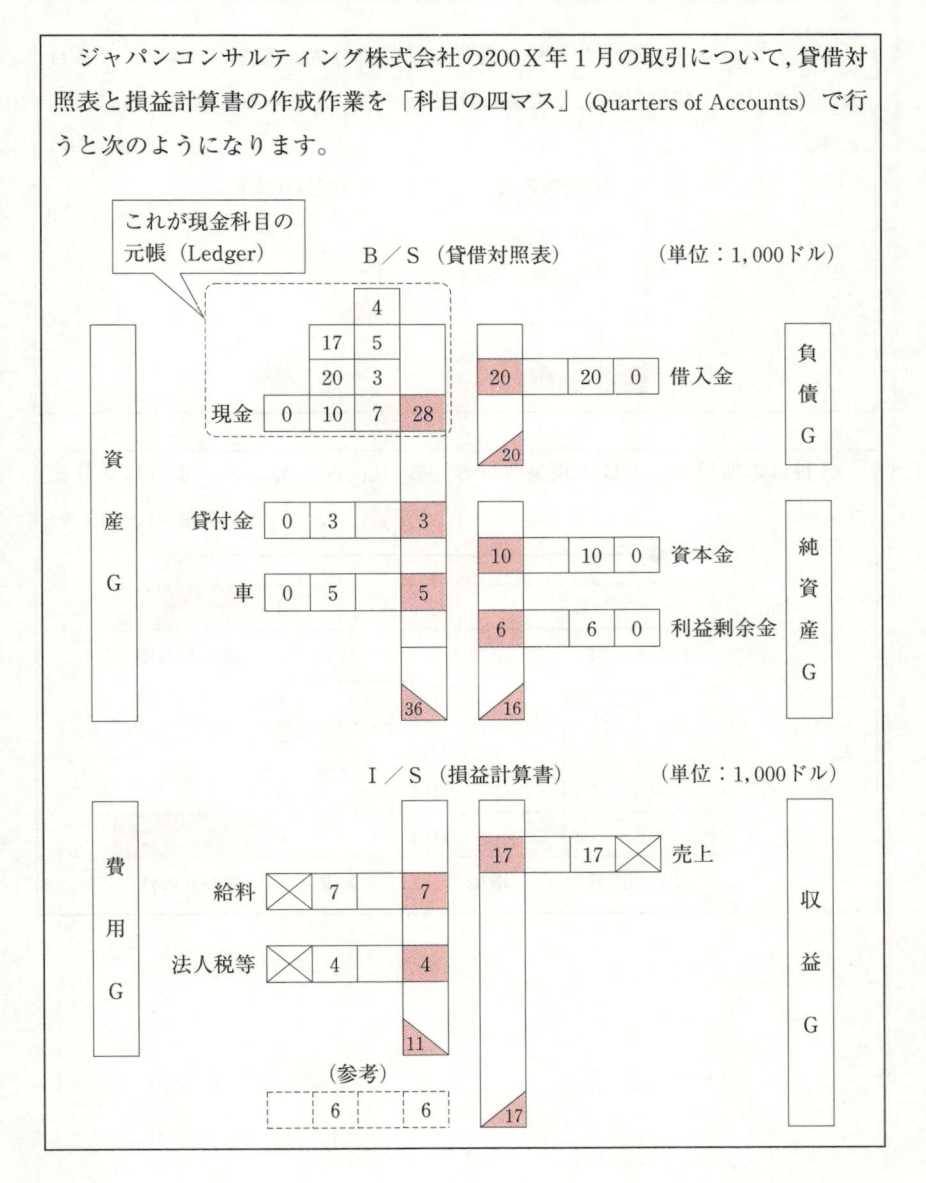

第3章 ジャパンコンサルティング株式会社の取引の仕訳から貸借対照表(B／S)と損益計算書(I／S)の作成まで(現金取引だけで説明)

　ジャパンコンサルティング株式会社の200X年1月の取引について,貸借対照表と損益計算書の作成作業を「科目の四マス」(Quarters of Accounts)で行うと次のようになります。

B／S(貸借対照表)　　　(単位:1,000ドル)

これが現金科目の元帳(Ledger)

| | | | 4 | | | | | |
| | | 17 | 5 | | | | | |
| | | 20 | 3 | | 20 | 20 | 0 | 借入金 |
| 現金 | 0 | 10 | 7 | 28 | | | | |
| | | | | 20 | | | | |

| 貸付金 | 0 | 3 | 3 |
| | | 10 | 10 | 0 | 資本金 |
| 車 | 0 | 5 | 5 |
| | | 6 | 6 | 0 | 利益剰余金 |

36　　16

資産G　　純資産G　　負債G

I／S(損益計算書)　　　(単位:1,000ドル)

| | | 17 | 17 | 売上 |

| 給料 | ✕ | 7 | 7 |
| 法人税等 | ✕ | 4 | 4 |

11　　17

(参考)　6　6

費用G　　収益G

第 I 部

　ジャパンコンサルティング株式会社の200X年1月の取引について，「科目の四マス」で，貸借対照表と損益計算書をすべてまとめると次のようになります。

(単位：1,000ドル)

B／S（貸借対照表）　　I／S（損益計算書）

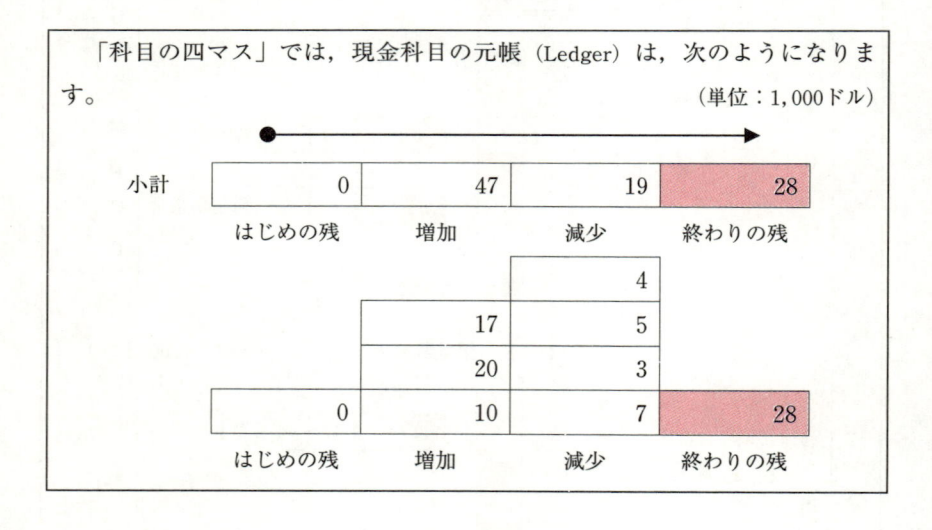

|  |  |
|---|---|
|  | 20 |
| 36 | 16 |

|  |  |
|---|---|
| 11 |  |
| [6] | 17 |

　「科目の四マス」では，現金科目の元帳（Ledger）は，次のようになります。

(単位：1,000ドル)

| 小計 | はじめの残 | 増加 | 減少 | 終わりの残 |
|---|---|---|---|---|
|  | 0 | 47 | 19 | 28 |
|  |  |  | 4 |  |
|  |  | 17 | 5 |  |
|  |  | 20 | 3 |  |
|  | 0 | 10 | 7 | 28 |
|  | はじめの残 | 増加 | 減少 | 終わりの残 |

この本の編著者金児昭が2007年5月に出版した『できる社長の会計力』（税務経理協会）の中で，「科目の四マス」についての故加古宜士早稲田大学教授の評と「科目の四マス」と「残増減残」についての井上良二青山学院大学大学院教授の評を次のように紹介しています。

---

「残増減残」「科目の四マス」について

　"「残増減残」（51頁，183頁参照）と「科目の四マス」（52頁参照）はコロンブスの卵である"とのお言葉を，井上良二青山学院大学大学院教授からいただきました。これは，「税経通信（2007年6月号・税務経理協会）」の中で，拙書『会社「経理・財務」入門』（日本経済新聞出版社）の書評をしてくださった際のお言葉です。また，2005年には，故加古宜士早稲田大学教授から，"「科目の四マス」は金児さんの素晴らしい発明です"とのお手紙をいただきました。多謝です。

---

以下は，この引用の英訳です。

---

"Beginning Balance–Increase–Decrease–Ending Balance" and "Quarters of Accounts"

Professor Ryoji Inoue of the Graduate School of Professional Accountancy at Aoyama Gakuin University commented that the *Beginning Balance–Increase–Decrease–Ending Balance* (see page 51 and 183) and the *Quarters of Accounts* (see page 52) are "Columbus's egg." He made this comment in his review of my book "Essentials of Corporate Accounting and Finance (Nikkei Publishing Inc.)" that appeared in Zeikei Tsushin／June 2007 (Zeimukeiri Kyokai Co., LTD).

　Also, in 2005, the late Professor Yoshihito Kako of Waseda University kindly wrote a letter to me, saying, "the *Quarters of Accounts* are Mr. Akira Kaneko's superb invention." I sincerely appreciated their praise.

第 Ⅰ 部

　前頁に載せた『できる社長の会計力』の引用の中の井上良二青山学院大学大学院教授の書評〔税経通信（2007年6月号・税務経理協会）〕の抜粋を次に掲げます。

---

**「残増減残」，「科目の四マス」。それは，「コロンブスの卵」である。**

（評者）青山学院大学大学院会計プロフェッション研究科教授　井上良二

――中略――

　では，この三つの特徴の中で，もっとも注目すべきことは何だろうか。評者は第1の特徴に関連して著者の考案になる「受払残表」，「残増減残」「科目の四マス」の考え方に注目する。それは，簿記・会計の根底を形成する基礎（筆者の言われる通奏低音）をなす非常に優れた考え方だからである。簿記・会計は，表現行為あるいは表現機構であることは広く認められている。表現行為（機構）を意味するものであれば，表現されるものがあるはずである。企業会計の場合には，それは企業の経営活動に他ならない。「残増減残」で示される増減こそ経営活動の神髄であると言うのが著者である。財貨・用役の現実の「残増減残」が経営活動であるとすれば，簿記・会計はこの「残増減残」を的確に表現するものでなければならない。この「残増減残」を一般的に表形式で表現するものが「受払残表」と言われ，またこれを科目ごとに示すのが「科目の四マス」である。各マスには，期首残高，増加，減少，期末残高が記入される。仕訳，勘定記入，さらに試算表を通じて財務諸表作成に至るまでこの考え方は通底している。この点の理解がなされれば，実務と理論の結合が容易となり，制度会計と経営会計との一体化の理論は容易に理解できる。

　著者のこの考え方を知ったとき，大きな衝撃を受けた。言われてみればなるほどと言えるし，すでに知っていたような錯覚にも陥る。しかし，それは「コロンブスの卵」である。この一事からも明らかなように本書は，実務と研究とに精通した著者の哲学に裏付けられた入門書という以外にない。本書は，入門者は当然だが，高い理解の水準にある学生も自らの簿記・会計観の妥当性を検討するために是非ともひもとくべき書であると考える。

---

ビジネス・ゼミナール
**会社「経理・財務」入門**
金児　昭（著）

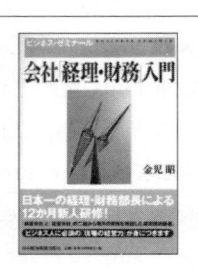

第3章　ジャパンコンサルティング株式会社の取引の仕訳から貸借対照表（B／S）と損益計算書（I／S）の作成まで（現金取引だけで説明）

以下は，この書評の英訳です。

## This is "Columbus's egg." — "Beginning Balance – Increase – Decrease – Ending Balance" and "Quarters of Accounts"

Review by Ryoji Inoue, Professor of Graduate School of Professional Accountancy at Aoyama Gakuin University

(Omission)

To evaluate the author's achievement of his three stated objectives, what should be examined most closely? In relation to the first objective, I scrutinized the author's development of the concept of *Increase and Decrease Balance, BB－I－D－EB (Beginning Balance – Increase – Decrease – Ending Balance)* and *Quarters of Accounts*. I do so because these are the excellent thoughts that form the foundation of the book－keeping and accounting base. (The author calls this foundation "thorough bass.") It is generally understood that the book－keeping and accounting is a representing act or mechanism, and in case of corporate accounting, it is corporate management that is the subject represented. Mr. Akira Kaneko states that increases and decreases indicated in the $BB-I-D-EB$ are, in fact, the goals of corporate management. In so far as achieving real increases and decreases in goods and services is considered as corporate management, the book-keeping and accounting representation of $BB-I-D-EB$ is appropriate. This author uses the term "Increase and Decrease Balance" for the tabular accounting ledger that shows the $BB-I-D-EB$. The book showing the same by each account is called the *Quarters of Accounts*. The beginning balance, increase, decrease and ending balance are entered in each one of the *Quarters of Accounts*. In practice, this procedure is consistently followed in the accounting cycle of journal entries, posting to account ledgers, trial balance calculations and financial statements preparations. If these are well understood, theory and practice will be combined readily. Thus, integration of the theories of financial accounting and management accounting can be understood without difficulty.

I experienced a great shock when I first knew the author's thought. However, after a full explanation was provided, I felt convinced that it was understandable. In fact, I have the impression that I have already known it. This is "Columbus's egg." In sum, it is clear that this introductory book is wholly based on the experience of the author who is well－versed in practice and research. Naturally, it is valuable for beginners. I strongly recommend that higher－level students should also read through it in order to assess the appropriateness of their own views on book－keeping and accounting.

# 第4章 収益と費用（予習と復習）
（Revenues and Expenses）

## 1 収益の計上（Recognition of Revenues）

　売上科目に代表される収益グループの科目の計上について説明します。収益グループの科目は，原則として実現（Realize）したときに計上します。売上の計上は，商品や製品の売買契約を行ったときではなく，商品や製品は引き渡したときに，サービスは提供したときに計上します。この「引き渡し」や「提供」が「実現」です。このように商品や製品を引き渡したとき，サービスを提供したときに計上する基準が実現主義（Realization Basis）です。

　一方，販売契約やサービス契約を結ぶときに収益を計上する基準が発生主義（Accrual Basis）です。また，現金を受け取ったときに売上を計上する基準が現金主義（Cash Basis）です。現金主義はレストランや美容院のようなお店以外では使いません。


## 2 費用の計上（Recognition of Expenses）

　次に，費用グループの科目の計上について説明します。例として，費用グループの1つの科目「支払利息」（Interest Expense）の計上について説明します。支払利息（費用グループ）の計上は，収益グループの科目の場合とちがって利息を支払う義務が発生したときに計上します。支払利息の場合には，実現主義ではなく，発生主義で計上します。費用の場合にはできるかぎり保守的に計上することが望ましいため発生主義によります。

　費用グループの科目の場合は，期末日（たとえば12月31日）までに支払う義務が決まっている（債務が確定している）ものを計上します。債務が確定しているとは，次の3つの条件にあてはまるものです。①契約などで支払うことが

決まっていること，②支払いをするべき事実があること（たとえば，お金を1年間借りていた），③その金額がきちんと見積もれること，の3つの条件が満たされている場合です。

**収益と費用の計上時期**

収益の計上時期

原則

実現主義 → 商品や製品を引き渡したときまたは，サービスを提供したとき ⇒ 売上計上

原則として現金主義は採らない

費用の計上時期

発生主義 → 支払義務が発生したとき（債務が確定したとき） ⇒ 費用計上

注：債務が確定したときとは，
① 契約などで支払いが決まっている
② 支払いをすべき事実がある
③ 金額が見積もれる
の条件がすべて満たされた場合をいう。

第 I 部

## 3 収益と費用の締切仕訳と元帳記入（Closing Entries of Revenues and Expenses, and Posting to Ledgers）

利益剰余金（Retained Earnings）は純資産グループの科目ですが，この科目の残減増残（ － ＋ ）は収益グループの科目の発生で増加し，費用グループの科目の発生で減少します。収益グループと費用グループの科目のこの収益と費用の差額が当期純利益（Net Income）か当期純損失（Net Loss）です。当期純利益と当期純損失は，利益剰余金に追加（増）または利益剰余金から除去（減）されます。

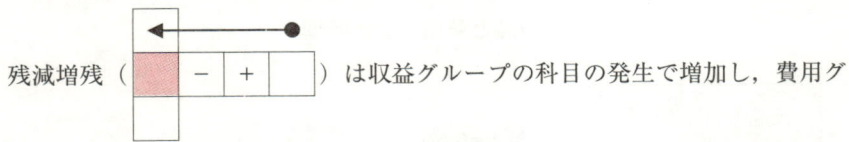

当期に［収益―費用］がプラス，すなわち，当期純利益が出たとします。この当期純利益はB／S（貸借対照表）の利益剰余金の増加額で，また，I／S（損益計算書）の当期純利益の額でもあります。すなわち，B／SとI／Sに同時に同金額が計上されます。利益剰余金に前年度からの繰り越しがあれば，この当期純利益を加え新しい利益剰余金になります。当期純損失のときには，その額だけ利益剰余金を減らし新しい利益剰余金になります。

このように，収益および費用の科目は，次の会計期間では，再びゼロからスタートします。収益グループの科目は，売上（Sales），受取配当金（Dividends Earned），受取利息（Interest Earned）など，費用グループの科目は，売上原価（Cost of Goods Sold），給料（Salary Expense），減価償却費（Depreciation Expense）などです。

第4章 収益と費用（予習と復習）

## 永久科目と一時科目

　資産グループ，負債グループ，純資産グループの3つのグループの科目と収益グループ，費用グループの2つのグループの科目には，その性格に次のようなちがいがあります。

　貸借対照表に表示される資産グループ，負債グループ，純資産グループの科目は永久科目（Permanent Account）と呼ばれ，会計期間の期末の「残高」として貸借対照表に表示されます。そして，次の会計期間の開始残高（Beginning Balance）となります。

　一方，収益と費用は，それぞれ会社の事業活動から生まれた利益剰余金（純資産グループの科目）を増加または減少させます。収益の取引と費用の取引を，直接，利益剰余金科目に記入することもできますが，もしそうすると損益計算書を作るときにたくさんの別々の項目が混ざり合ってしまいます。このため実務ではこれらを直接には利益剰余金に記入しません。

　実際には，利益剰余金科目が簡潔に表示されるように，損益計算書に表示される収益と費用のそれぞれの項目について一時科目（Temporary Account）を設けます。期中はその一時科目に取引発生のたびに記入します。期末に一時科目のそれぞれの合計額を計算し，すべてのこれらの合計額を1つの「当期純利益」（Net Income）の金額に集約してそれを利益剰余金科目（純資産グループの科目）に記入します。このようにして利益剰余金科目は，貸借対照表の他の永久科目にくらべてはるかに少ない記入で済ますことができます。このことから，収益グループの科目と費用グループの科目から成り立っている損益計算書は利益剰余金の明細書であると言えます。

第 I 部

　当期純利益または当期純損失の利益剰余金への追加または利益剰余金からの除去を簿記では次のように取り扱います。

　会計期間の末日に，すべての収益グループの科目の取引とすべての費用グループの科目の取引の差額（すなわち当期純利益または当期純損失）が決まり，その差額である当期純利益または当期純損失が利益剰余金（純資産グループの科目）の増加または減少となります。

　このとき，収益グループの科目の取引と費用グループの科目の取引とを1つずつ直接に利益剰余金に振り替えるのではなく，収益グループの科目の取引と費用グループの科目の取引を最終的に利益剰余金に振り替えるための中間科目（Intermediate Account）を使います。この中間科目を「損益科目」（Income Summary AccountまたはExpense and Income Summary Account）と言います。この損益科目を使い，収益グループの科目の残高と費用グループの科目の残高とをすべて損益科目に振り替えて，その差額を利益剰余金に振り替えます。このための仕訳のことを締切仕訳（Closing Entries）と言います。

第4章 収益と費用（予習と復習）

## 4 ジャパンコンサルティング株式会社の収益と費用の締切仕訳と元帳記入（Closing Entries of Revenues and Expenses and Posting to Ledgers for Japan Consulting Corporation）

第3章で示したジャパンコンサルティング株式会社の200X年1月の取引について，その締切仕訳（Closing Entries）と元帳記入は，次のようになります。

(1) 200X年1月31日の締切仕訳

---

① 左Ⓛ売上（収益Ｇの科目）17,000 ／ 右Ⓡ損益（中間科目） 17,000

② 左Ⓛ損益（中間科目） 11,000 ／ 右Ⓡ給料（費用Ｇの科目）7,000
　　　　　　　　　　　　　　　　　　　税金（費用Ｇの科目）4,000

③ 左Ⓛ損益（中間科目） 6,000 ／ 右Ⓡ利益剰余金（純資産Ｇの科目） 6,000 (注)

（注）①と②の仕訳から③の仕訳が導かれます。すなわち，①の仕訳の右Ⓡの損益合計17,000－②の仕訳の左Ⓛの損益合計11,000＝6,000となります。この6,000は利益剰余金の増加額です。

注！意

---

第 Ⅰ 部

## (2) 元帳記入

　前記(1)①②③の3つの仕訳をT形式の元帳への記入で示すと次のとおりです。収益グループの科目と損益科目（中間科目）との間の矢印（前記(1)①の仕訳），および費用グループの科目と損益科目との間の矢印（前記(1)②の仕訳）は，損益科目（中間科目）への振替を示します。また，損益科目（中間科目）と利益剰余金科目との間の矢印（前記(1)③の仕訳）は，利益剰余金科目への振替を示します。

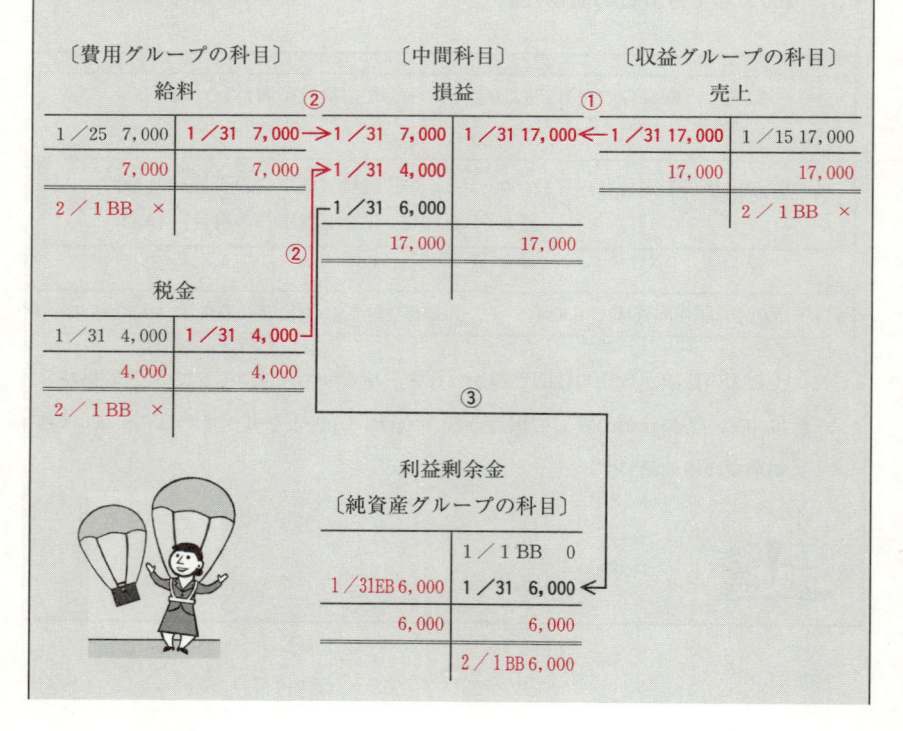

〔費用グループの科目〕　　〔中間科目〕　　〔収益グループの科目〕

給料

| 1/25 7,000 | 1/31 7,000 |
|---|---|
|  | 7,000 |
| 2/1 BB × |  |

損益

| 1/31 7,000 | 1/31 17,000 |
|---|---|
| 1/31 4,000 |  |
| 1/31 6,000 |  |
| 17,000 | 17,000 |

売上

| 1/31 17,000 | 1/15 17,000 |
|---|---|
|  | 17,000 |
|  | 2/1 BB × |

税金

| 1/31 4,000 | 1/31 4,000 |
|---|---|
|  | 4,000 |
| 2/1 BB × |  |

利益剰余金
〔純資産グループの科目〕

|  | 1/1 BB 0 |
|---|---|
| 1/31 EB 6,000 | 1/31 6,000 |
| 6,000 | 6,000 |
|  | 2/1 BB 6,000 |

第4章 収益と費用(予習と復習)

　収益グループの科目と費用グループ科目の細字で示された〔金額〕は，200X年1月の1ヶ月間の取引の収益と費用をT形式に記入したものです。太字で示された〔1／31　金額〕は，月次決算の末日である1月31日に，収益グループの科目と費用グループの科目のそれぞれの残高を損益科目に振り替えた仕訳（赤字で表示），および損益科目の差額（当期純利益）を利益剰余金に振り替えた仕訳（黒字で表示）をT形式に記入したものです。この一連の締切仕訳の結果，利益剰余金（純資産グループの科目）の1月31日の残高が6,000になります。

第 I 部

### アメリカの損益計算書の様式

　アメリカの会計基準による損益計算書（Income Statement）は以下の形式で表示されます。まず，売上（Sales）から売上原価（Cost of Goods Sold）を差し引いたものが売上総利益（Gross Margin on Sales）です。

　次に，売上総利益から営業費用（Operating Expenses）を差し引いたものが営業利益（Operating Income）です。営業費用は，販売費（Selling Expenses）と一般管理費（General and Administrative Expenses）に分けられます。販売費は，商品・製品の販売に関する費用で，広告宣伝費，販売員の給料などです。一般管理費は，管理のために必要な費用です。

　次に，営業利益に，営業外収益（Other Income）［受取利息（Interest Earned）など］を加え，営業外費用（Other Expenses）［支払利息（Interest Expense）など］を差し引いたものが税引前当期純利益（Income before Income Taxes）です。そこから法人税等（Income Tax Expense）を差し引いたものが，当期純利益（Net Income）です。

第4章　収益と費用（予習と復習）

**損益計算書（Income Statement）**
$\begin{pmatrix} 200X年1月1日から \\ 200X年12月31日まで \end{pmatrix}$
(For the year ended December 31, 200X)

売上（Sales）
売上原価（Cost of goods sold）
売上総利益（Gross margin on sales）
営業費用（Operating expenses）
　　販売費（Selling expenses）
　　　一般管理費（General and administrative expenses）
営業利益（Operating income）
営業外収益（Other income）
営業外費用（Other expenses）
税引前当期純利益（Income before income taxes）
法人税等（Income tax expense）
当期純利益（Net income）

第 Ⅰ 部

> **日本の損益計算書の利益**
>
> 日本の損益計算書では,利益(または損失)は以下の6つに分けられます。
> (1) 売上総利益
> (2) 営業利益(または営業損失)
> (3) 経常利益(または経常損失)
> (4) 特別利益(または特別損失)
> (5) 税引前当期純利益(または税引前当期純損失)
> (6) 当期純利益(または当期純損失)
>
> なお,アメリカの会計基準では,わが国で使われている経常利益にあたる利益はありません。

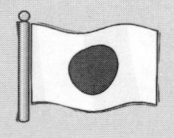

# 第 Ⅱ 部

第 Ⅱ 部と第 Ⅲ 部の会社例は「ジャパン製造販売株式会社」のケース（発生主義を採用）

> 第Ⅰ部（第1章から第4章まで）では，ジャパンコンサルティング株式会社の1ヶ月の取引を例にとり，取引の仕訳から貸借対照表と損益計算書を作るまでの簿記・会計のサイクルの基本を説明しました。そこで扱った取引の例では，すべてを現金取引としました。また，商品などのたな卸資産を持たない会社の簿記・会計を扱いました。
>
> これは，簿記・会計の勉強を始めるときに，必要なことがらを暗記していくのではなく，会社の1ヶ月の取引の例をみながら簿記・会計の仕組みを1つずつ理解していくために，英文簿記・会計のエッセンスを単純化して説明したものです。
>
> 第5章からは，商品を販売する会社の取引を例にとって，たな卸資産や固定資産の会計上の取扱いをはじめ資産，負債，純資産，収益，費用のそれぞれのグループの科目の少し詳しい説明をします。そこでは会計の実務により近い内容がでてきますが，英文簿記・会計の仕組みは第Ⅰ部の第4章までに説明したことがらを基本にしています。簿記・会計の一連の仕組みがわからなくなったときには，第1章から第4章までに戻ってその仕組みを理解し，確認してください。新しい科目や取引をみるときには，簿記・会計の基本的な流れをまず理解したうえで先に進むことが大切です。

第5章　資産グループの科目（その1）：売掛金／83
第6章　資産グループの科目（その2）：商品・製品などのたな卸資産と売上原価（資産と費用）／96
第7章　資産グループの科目（その3）：機械などの固定資産と減価償却費（資産と費用）／112
第8章　負債グループの科目／124
第9章　純資産グループの科目／133

# 第5章 資産グループの科目（その１）：売掛金
（Asset Group Account Ⅰ：Accounts Receivable）

## 1　掛売り・掛買い（Sales and Purchase on Account）

　現代の取引のなかで，個人が商店で買い物をするときには，通常，現金または小切手で支払うかあるいはクレジットカードで支払います。アメリカでは特に小切手が発達しています。しかし，会社あるいは個人の事業主が商取引をするときには，一般に，掛売り（Sales on Account）・掛買い（Purchase on Account）をします。さらにアメリカでは，掛買いをするときに，通常の買掛期間より短い期間内に現金で支払うと割引が受けられるという商慣習があるために，この支払方法が良く使われます。

　掛売りをすることは，販売先に対して信用を与えることを意味します。一方，掛買いをすることは，仕入先から信用を受けることを意味します。掛買いをすると，一定の期間，現金での支払いが猶予されます。この掛売りにより生じる売掛金は会計上の資産であり，掛買いにより生じる買掛金は会計上の負債です。すなわち，売掛金は将来現金を受取ることができる権利であり，買掛金は将来現金を支払わなければならない義務です。

## アメリカの手形取引

　日本では，商取引の決済手段として約束手形が使われています。一方，アメリカでは，商取引に約束手形が使われることはほとんどありません。このためアメリカには手形の交換制度がありません。また，日本のように銀行振込制度が普及していないために，小額の取引では銀行振込もあまり利用されません。資金の決済は主に小切手で行われます。アメリカ国内であれば郵便で受取人あてに小切手を送ります。

　アメリカで手形が使われるのは，ほとんどが融資を目的としたものです。したがって，アメリカの会社の決算書にNotes Receivableと表示されているときには，通常，「手形貸付金」を意味します。

　日本の会社のアニュアル・レポートを作成する場合に，日本の決算書を英語に翻訳するときには，商取引に使われる「受取手形」，「支払手形」をNotes Receivable, Notes Payableとする必要がでてきます。このときに，アメリカで「手形貸付金」，「手形借入金」と間違われないようにするためには，Notes Receivable, Notes Payableの前にTradeをつけて，Trade Notes Receivable, Trade Notes Payableなどとする必要があります。

## 第5章　資産グループの科目（その1）：売掛金

　ここで，この第5章以下の説明で使う取引の例をあげます。今回は衣料品の製造販売をしているジャパン製造販売株式会社の200X年1月の次の取引を見ていきます。ただ，**製品を製造し始める前の段階です。ですから，いまは，設備は買いましたが，営業は商品を買入れて，それを販売しています。**

　第Ⅰ部（第1章から第4章）で使ったジャパンコンサルティング株式会社の取引例とちがうところは，①掛け（On Account）による取引があること，②商品（Merchandise）を在庫（たな卸資産）（Inventories）として持っていること，③設備の減価償却（Depreciation）をすることです（減価償却の決算整理手続きは第Ⅲ部で説明します）。

### ジャパン製造販売株式会社の200X年1月の取引内容

(1)　1月1日，ベーカーさんは現金で20,000ドルを出資して衣料品製造販売会社を設立しました。
(2)　1月5日，商品8,000ドルを現金で購入しました。
(3)　1月10日，銀行から30,000ドルを借り入れました。
(4)　1月12日，6,000ドルの設備を現金で購入しました。
(5)　1月15日，商品30,000ドルを掛けで購入しました。
(6)　1月20日，商品（原価8,000ドルの商品）を12,000ドルで顧客のカーター商事に掛けで販売しました。
(7)　1月25日，商品（原価10,000ドルの商品）を15,000ドルで顧客のダグラス商会に現金で販売しました。
(8)　1月30日，1月分の事務所の賃借料1,500ドルを現金で支払いました。
(9)　1月31日，従業員に給料を2,500ドル現金で支払いました。

第 Ⅱ 部

これらの取引の仕訳を示すと，次のようになります。

(1) 1月1日

> ㊧㊐現金（資産Gの科目）20,000 ／ ㊨㊑資本金（純資産Gの科目）20,000

(2) 1月5日

> ㊧㊐商品（資産Gの科目）8,000 ／ ㊨㊑現金（資産Gの科目）8,000

(3) 1月10日

> ㊧㊐現金（資産Gの科目）30,000 ／ ㊨㊑借入金（負債Gの科目）30,000

(4) 1月12日

> ㊧㊐設備（資産Gの科目）6,000 ／ ㊨㊑現金（資産Gの科目）6,000

(5) 1月15日

> ㊧㊐商品（資産Gの科目）30,000 ／ ㊨㊑買掛金（負債Gの科目）30,000

(6) 1月20日

> ㊧㊐売掛金（資産Gの科目）12,000 ／ ㊨㊑売上（収益Gの科目）12,000
> ㊧㊐売上原価（費用Gの科目）8,000 ／ ㊨㊑商品（資産Gの科目）8,000

(7) 1月25日

> ㊧㊐現金（資産Gの科目）15,000 ／ ㊨㊑売上（収益Gの科目）15,000
> ㊧㊐売上原価（費用Gの科目）10,000 ／ ㊨㊑商品（資産Gの科目）10,000

(8) 1月30日

> ㊧㊐賃借料（費用Gの科目）1,500 ／ ㊨㊑現金（資産Gの科目）1,500

(9)　1月31日

| ㊧㊤給料（費用Gの科目）2,500　/　㊨㊇現金（資産Gの科目）2,500 |

　前記のうち，(2) 1月 5日，(5) 1月15日，(6) 1月20日，(7) 1月25日の仕訳については，第 6 章「商品・製品などのたな卸資産と売上原価」で少し詳しく説明します。ここでは，実際の商品の買入と販売の動きを記録する「継続たな卸法」（Perpetual Inventory Method）を採用しています。継続たな卸法では，商品を買い入れたときに仕訳の㊧㊤（Debit）に商品（Merchandise）（資産Gの科目）を計上し，商品（資産Gの科目）を売り上げたときに商品を売上原価（Cost of Goods Sold）（費用Gの科目）に振り替えます。

　前記の(1)から(9)までの取引の仕訳と 1 月31日の締切りをT形式に記入すると，次のようになります。

| ① 科目の月次締切り前 | | | | | | |
|---|---|---|---|---|---|---|
| 現金（資産Gの科目） | | | | 売掛金（資産Gの科目） | | |
| 1／1 BB | 0 | 1／5 | 8,000 | 1／1 BB | 0 | |
| 1／1 | 20,000 | 1／12 | 6,000 | 1／20 | 12,000 | |
| 1／10 | 30,000 | 1／30 | 1,500 | | | |
| 1／25 | 15,000 | 1／31 | 2,500 | | | |

第 Ⅱ 部

```
       商品（資産Gの科目）
1／1 BB      0 │ 1／20    8,000
1／5     8,000 │ 1／25   10,000
1／15   30,000 │
```

```
       設備（資産Gの科目）
1／1 BB      0 │
1／12    6,000 │
```

```
       買掛金（負債Gの科目）
               │ 1／1 BB      0
               │ 1／15   30,000
```

```
       借入金（負債Gの科目）
               │ 1／1 BB      0
               │ 1／10   30,000
```

```
       資本金（純資産Gの科目）
               │ 1／1 BB      0
               │ 1／1    20,000
```

```
       売上（収益Gの科目）
               │ 1／1 BB(注)   ×
               │ 1／20   12,000
               │ 1／25   15,000
```

```
       売上原価（費用Gの科目）
1／1 BB(注)   × │
1／20    8,000 │
1／25   10,000 │
```

```
       賃借料（費用Gの科目）
1／1 BB(注)   × │
1／30    1,500 │
```

```
       給料（費用Gの科目）
1／1 BB(注)   × │
1／31    2,500 │
```

（注）売上（収益グループの科目）および売上原価・賃借料・給料（費用グループの科目）は，期のはじめの残高が必ずゼロとなるため×と表示されています。

第5章 資産グループの科目（その1）：売掛金

② 科目の月次締切り後

現金（資産Gの科目）

| | | | |
|---|---|---|---|
| 1／1 BB | 0 | 1／5 | 8,000 |
| 1／1 | 20,000 | 1／12 | 6,000 |
| 1／10 | 30,000 | 1／30 | 1,500 |
| 1／25 | 15,000 | 1／31 | 2,500 |
| | | 1／31EB | 47,000 |
| | 65,000 | | 65,000 |
| 2／1 BB | 47,000 | | |

売掛金（資産Gの科目）

| | | | |
|---|---|---|---|
| 1／1 BB | 0 | | |
| 1／20 | 12,000 | 1／31EB | 12,000 |
| | 12,000 | | 12,000 |
| 2／1 BB | 12,000 | | |

商品（資産Gの科目）

| | | | |
|---|---|---|---|
| 1／1 BB | 0 | 1／20 | 8,000 |
| 1／5 | 8,000 | 1／25 | 10,000 |
| 1／15 | 30,000 | 1／31EB | 20,000 |
| | 38,000 | | 38,000 |
| 2／1 BB | 20,000 | | |

設備（資産Gの科目）

| | | | |
|---|---|---|---|
| 1／1 BB | 0 | | |
| 1／12 | 6,000 | 1／31EB | 6,000 |
| | 6,000 | | 6,000 |
| 2／1 BB | 6,000 | | |

買掛金（負債Gの科目）

| | | | |
|---|---|---|---|
| | | 1／1 BB | 0 |
| 1／31EB | 30,000 | 1／15 | 30,000 |
| | 30,000 | | 30,000 |
| | | 2／1 BB | 30,000 |

借入金（負債Gの科目）

| | | | |
|---|---|---|---|
| | | 1／1 BB | 0 |
| 1／31EB | 30,000 | 1／10 | 30,000 |
| | 30,000 | | 30,000 |
| | | 2／1 BB | 30,000 |

資本金（純資産Gの科目）

| | | | |
|---|---|---|---|
| | | 1／1 BB | 0 |
| 1／31EB | 20,000 | 1／1 | 20,000 |
| | 20,000 | | 20,000 |
| | | 2／1 BB | 20,000 |

売上（収益Gの科目）

| | | | |
|---|---|---|---|
| | | 1／1 BB (注1) | × |
| | | 1／20 | 12,000 |
| 1／31 (注2) | 27,000 | 1／25 | 15,000 |
| | 27,000 | | 27,000 |
| | | 2／1 BB (注2) | × |

第Ⅱ部

| 売上原価（費用Ｇの科目） | | | |
|---|---|---|---|
| 1／1 BB(注1) | × | | |
| 1／20 | 8,000 | | |
| 1／25 | 10,000 | 1／31(注2) | 18,000 |
| | 18,000 | | 18,000 |
| 2／1 BB(注2) | × | | |

| 賃借料（費用Ｇの科目） | | | |
|---|---|---|---|
| 1／1 BB(注1) | × | | |
| 1／30 | 1,500 | 1／31(注2) | 1,500 |
| | 1,500 | | 1,500 |
| 2／1 BB(注2) | × | | |

| 給料（費用Ｇの科目） | | | |
|---|---|---|---|
| 1／1 BB(注1) | × | | |
| 1／31 | 2,500 | 1／31(注2) | 2,500 |
| | 2,500 | | 2,500 |
| 2／1 BB(注2) | × | | |

（注1） 売上（収益グループの科目）および売上原価・賃借料・給料（費用グループの科目）は，期のはじめの残高が必ずゼロとなるため×と表示されています。

（注2） 売上（収益グループの科目）および売上原価・賃借料・給料（費用グループの科目）は，期末に残高が損益科目（中間科目）に振り替えられます。この「損益への振替」の真の意味は，『収益（売上ほか）の振替はＢ／Ｓの利益剰余金の増加欄への振替，また，費用（売上原価ほか）の振替はＢ／Ｓの利益剰余金の減少欄への振替』です。期末の残高と翌期のはじめの残高が必ずゼロになり翌期のはじめの残高は×と表示されています。

## 2　売掛金と買掛金の会計処理（仕訳）(Journal Entries for Accounts Receivable and Accounts Payable)

　掛売りによる売上取引の場合，仕訳の　㊨Ⓡ（Credit）に売上（Sales）（収益グループの科目）を計上するとき，㊧Ⓛ（Debit）に売掛金（Accounts Receivable）（資産グループの科目）が計上されます（この本では，仕訳のDebitを㊧Ⓛ，Creditを㊨Ⓡと表わします）。売掛金が現金（Cash）で回収されるときに，売掛金が現金に変わります。すなわち，売掛金（資産グループの科目）が減少し，現金（資産グループの科目）が増加します。

第5章　資産グループの科目（その1）：売掛金

　一方，掛買いによる商品の買入れ取引の場合，継続たな卸法では，㊧Ⓛに商品（資産グループの科目）を計上するとき，㊨Ⓡに買掛金（Accounts Payable）（負債グループの科目）が計上されます。買掛金を後日現金で支払うときに，買掛金（負債グループの科目）が減少し，現金（資産グループの科目）が減少します。

　なお，この本では，一般に商品の購入を「仕入」と呼ぶところを「買入」と呼びます。ジャパン製造販売株式会社の取引例でみると，売掛金と買掛金の関連する仕訳は，次のようになっています。ただし，以下の買掛金と売掛金に関連する取引は200X年2月の取引を含んでいます。なお，買入，売上についての商品科目は，前記の仕訳，T形式記入と同じく，継続たな卸法で計上しています。

## (1) 買　掛　金

① 　1月5日の商品（Merchandise）の買入取引は，現金（Cash）（資産グループの科目）で購入したため，仕訳は次のようになります。

1／5　㊧Ⓛ商品（資産Gの科目）8,000　／　㊨Ⓡ現金（資産Gの科目）8,000

② 　1月15日に商品（Merchandise）を掛け（On Account）で購入しました。この仕訳の㊨Ⓡは買掛金（Accounts Payable）です。

1／15　㊧Ⓛ商品（資産Gの科目）30,000　／　㊨Ⓡ買掛金（負債Gの科目）30,000

③ 　（前記の1月の取引には入っていない取引）
　1月15日に商品を買い入れたときに生じた買掛金を1ヶ月後の2月15日に現金（Cash）で支払ったときには，仕訳は次のようになります。

2／15　㊧Ⓛ買掛金(負債Gの科目)30,000　／　㊨Ⓡ現金（資産Gの科目）30,000

第 Ⅱ 部

(2) **売　掛　金**

> ①　1月20日に，商品を掛け (On Account) で販売しました。
>
> 1／20　㊧Ⓛ売掛金(資産Gの科目)12,000　／　㊨Ⓡ売上(収益Gの科目)12,000
> 1／20　㊧Ⓛ売上原価(費用Gの科目)8,000　／　㊨Ⓡ商品(資産Gの科目)8,000
>
> ②　1月25日の取引の場合には，掛売り (Sales on Account) ではなく，現金 (Cash) での販売のため，仕訳は次のようになります。
>
> 1／25　㊧Ⓛ現金(資産Gの科目) 15,000　／　㊨Ⓡ売上 (収益Gの科目) 15,000
> 1／25　㊧Ⓛ売上原価(費用Gの科目)10,000　／　㊨Ⓡ商品(資産Gの科目)10,000
>
> ③　(前記の1月の取引には入っていない取引)
>
> 　商品の販売から1ヶ月後の2月20日に売掛金 (Accounts Receivable) を現金 (Cash) で回収したときには，仕訳は次のようになります。
>
> 2／20　㊧Ⓛ現金(資産Gの科目)12,000　／　㊨Ⓡ売掛金(資産Gの科目)12,000

(3)　**売掛金と買掛金の元帳への転記**

　前記(1)の商品の買入取引①，②と買掛金の支払取引③および前記(2)の商品の販売取引①，②と売掛金の回収取引③のそれぞれの仕訳をT形式の元帳へ転記 (Posting) します。

　これらすべての取引の転記について関連する6つの科目のT形式の元帳への記入は，次のようになります。

　ただし，ここでは，それぞれの科目の動きが一目でわかるように，前記「1　掛売り・掛買い」で示した月次決算によるそれぞれの科目の1月31日（期末）の締切りをしない形でT形式（元帳）を表わしています。また，現金科目については，前記(1)買掛金および前記(2)売掛金のそれぞれの取引に関連する元帳への記入のみを表わしています。

第5章　資産グループの科目（その1）：売掛金

|  買掛金（負債Gの科目）  |  |  | | 売掛金（資産Gの科目） | | | |
|---|---|---|---|---|---|---|---|
| 2／15 | 30,000 | 1／15 | 30,000 | 1／20 | 12,000 | 2／20 | 12,000 |

|  商品（資産Gの科目） | | | | 売上（収益Gの科目） | | | |
|---|---|---|---|---|---|---|---|
| 1／5 | 8,000 | 1／20 | 8,000 |  |  | 1／20 | 12,000 |
| 1／15 | 30,000 | 1／25 | 10,000 |  |  | 1／25 | 15,000 |

| 売上原価（費用Gの科目） | | | | 現金（資産Gの科目） | | | |
|---|---|---|---|---|---|---|---|
| 1／20 | 8,000 |  |  | 1／25 | 15,000 | 1／5 | 8,000 |
| 1／25 | 10,000 |  |  | 2／20 | 12,000 | 2／15 | 30,000 |

## 3　売掛金の回収（Collection of Accounts Receivable）

　売上債権（売上げた品物の代金をもらえる権利）の代表が売掛金（Accounts Receivable）（資産グループの科目）です。大切な点は，①できるかぎり確実に，②できるかぎり早く，回収することです。そのために，売掛金を得意先別にしっかり見て，回収が遅れがちな得意先を早く見つけてその対策をとります。同時に，得意先の財務内容をつかんで，担保の確保などの対策を立てます。

　掛売りで増加した売掛金が現金で回収されれば売掛金が減少します。ここで，この「売掛金の減少」の大切さを説明します（いまはわからなくても気にしないで読み進んでください）。売上と売上原価を計上して利益を計上したとしても，売掛金が貸倒れになれば，最終的に売上原価に相当する金額が全額損失となってしまいます（たとえば，売上100,000ドル，売上原価80,000ドル，利益20,000ドルの取引の場合には，いったん20,000ドルの利益になっても，100,000ドルの貸倒れになると，最終的に売上原価にあたる80,000ドルが損失となります）。

第 Ⅱ 部

　会計上は，通常それぞれの会計期間で売上債権が貸倒れになる金額を予測し，貸倒引当金（Allowance for Doubtful Accounts）の科目を使ってあらかじめ貸倒れに備えておきます。そのときに費用として貸倒損失（Bad Debt Expense）が計上されます。この仕訳は次のようになります。

| 左Ⓛ貸倒損失（費用Gの科目）XXX　／　右Ⓡ貸倒引当金（負債Gの科目）XXX |

　そして実際に，売掛債権が回収できない（貸倒れになる）とわかったときに，その金額を次の仕訳で貸倒処理のための債権の償却（消却）（債権を資産から落として消し去る処理）（Write off）をします。

| 左Ⓛ貸倒引当金（負債Gの科目）XXX　／　右Ⓡ売掛金（資産Gの科目）XXX |

　この会計処理では，貸倒れになると予測したときにすでに費用として計上しているため，実際に貸倒れになることがわかったときには，費用に計上する必要はありません。この場合，すでに備えていた貸倒引当金を帳簿から落として，同時に売掛金を帳簿から落とします。

第5章　資産グループの科目（その1）：売掛金

## 売掛金の回収と貸倒れ

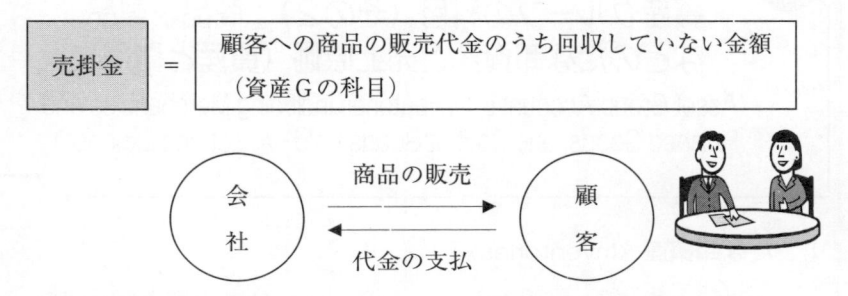

売掛金 ＝ 顧客への商品の販売代金のうち回収していない金額（資産Gの科目）

会社 →商品の販売→ 顧客
会社 ←代金の支払← 顧客

商品の販売による債権：売掛金　　商品の買入による債務：買掛金

＊　売掛金は出来る限り①確実に②早く回収する

## 売掛金の貸倒れが予測された時と実際に貸倒れが判明した時の会計処理

① 予測された時

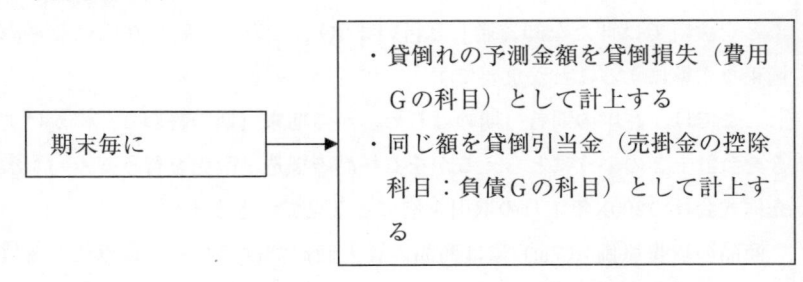

期末毎に →
- 貸倒れの予測金額を貸倒損失（費用Gの科目）として計上する
- 同じ額を貸倒引当金（売掛金の控除科目：負債Gの科目）として計上する

② 実際に判明した時

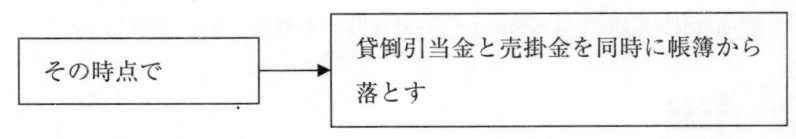

その時点で → 貸倒引当金と売掛金を同時に帳簿から落とす

この会計処理において

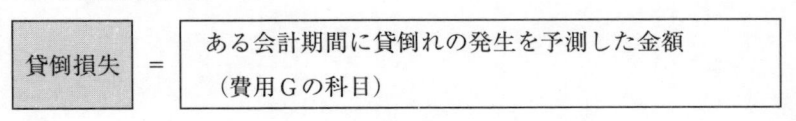

貸倒損失 ＝ ある会計期間に貸倒れの発生を予測した金額（費用Gの科目）

# 第6章 資産グループの科目（その2）：商品・製品などのたな卸資産と売上原価（資産と費用）

(Asset Group Account Ⅱ : Inventories including Merchandise and Finished Goods, and Cost of Goods Sold – Asset and Expense)

## 1 たな卸資産（Inventories）

　たな卸資産（Inventories）は商品（Merchandise）・製品（Finished Goods）などの販売のための資産です。固定資産は販売のための資産ではありません。土地・建物・機械などの有形固定資産（Property, Plant and Equipment）は，事業活動に必要な資産で，販売のために保有されるたな卸資産とは区別されます。

　会社は，商品・製品の注文に対応ができるように，在庫が必要です（在庫のことを会計では「たな卸資産」と言います）。一方，過剰な在庫にならぬよう適正な水準にすることが重要です。

　ここでは，在庫の期首（期のはじめ）から期末（期の終わり）にかけての動きを会計上どのようにとらえるかを衣料品の製造・販売を行うジャパン製造販売株式会社の200X年1月の取引を例にとり見ていきます。

　商品の取得原価（Cost）には商品の買入価額だけでなく，倉庫代，運賃，保険料などの費用を含めます。これらの費用が付随費用です。

商品の取得原価＝ 買入価額 ＋ 付随費用 （倉庫代，運賃，保険料など）

## 2 売上原価（Cost of Goods Sold）

売上原価（Cost of Goods Sold）は，販売した商品・製品の原価です。

損益計算書では，収益グループの科目の計から費用グループの科目の計を引いて当期純利益を計算します。その第一段階として，売上から売上原価を引いて売上総利益を計算します。次いで，営業費用（販売費・一般管理費です）と税金を引くと当期純利益です。

ここでは，売上（収益グループの科目）に対応する売上原価（費用グループの科目）の内容を商品の売上原価の例で説明します。少し「ややこしや」と感じたら，1回目はサッと読んでください。

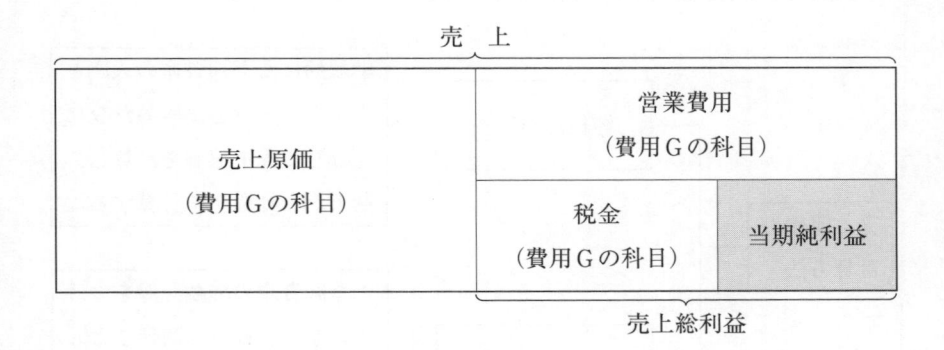

| 売　上 | |
|---|---|
| 売上原価<br>（費用Gの科目） | 営業費用<br>（費用Gの科目） |
| | 税金（費用Gの科目） ｜ 当期純利益 |
| | 売上総利益 |

## 3 商品の売上原価（Cost of Goods Sold of Merchandise）

ある会計期間に，期首（期のはじめ）の在庫がなく1つの商品を買い入れて販売するだけで期末（期の終わり）の在庫もなければ，その商品の買入価額が売上原価となります。しかし，実際には，期首に在庫を持ち，多くの商品を買い入れてその商品をある期間に保管したあと販売し，期末に商品の在庫が残ります。この期末の在庫が期末たな卸資産（Ending Inventory）です。そして，その期末たな卸資産が翌期（次の期）の期首たな卸資産（Beginning Inventory）です。

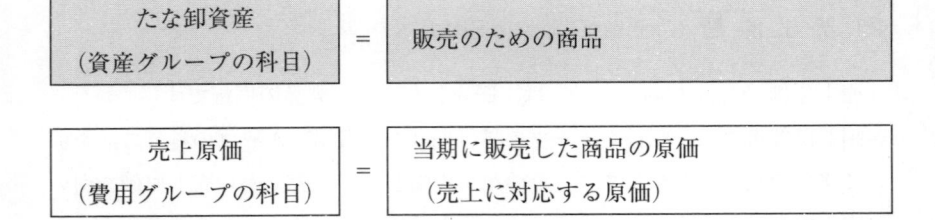

## 第 II 部

| たな卸資産<br>(資産グループの科目) | = | 販売のための商品 |

| 売上原価<br>(費用グループの科目) | = | 当期に販売した商品の原価<br>(売上に対応する原価) |

　ある会計期間のなかで販売可能な商品 (Goods Available for Sale) の金額は，期首たな卸資産に期中に買い入れた商品の原価を加えたものです。この販売可能な商品のなかから実際に販売した商品の原価が売上原価となります。商品の売上原価を計算するためには，継続たな卸法 (Perpetual Inventory Method) と定期たな卸法 (Periodic Inventory Method) の2つの方法があります。

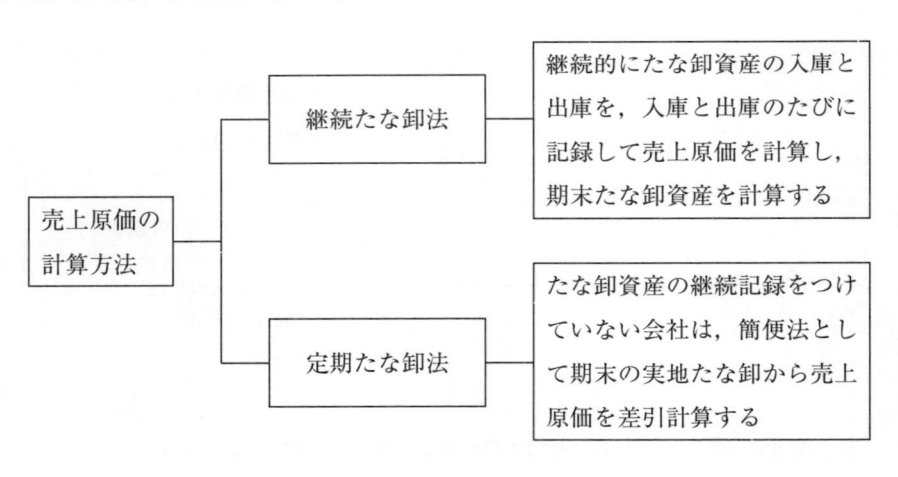

```
                    ┌─ 継続たな卸法 ─── 継続的にたな卸資産の入庫と
                    │                    出庫を，入庫と出庫のたびに
売上原価の          │                    記録して売上原価を計算し，
計算方法 ───────────┤                    期末たな卸資産を計算する
                    │
                    └─ 定期たな卸法 ─── たな卸資産の継続記録をつけ
                                         ていない会社は，簡便法と
                                         して期末の実地たな卸から売上
                                         原価を差引計算する
```

## 第6章 資産グループの科目（その2）：商品・製品などのたな卸資産と売上原価（資産と費用）

**継続たな卸法（継続的に個別のたな卸資産の買入と販売の記録をつけて売上原価を計算する方法）にもとづき期末たな卸資産を計算するプロセス**

| 当期に販売可能な商品の金額 (Ⓐ+Ⓑ) | | − | Ⓒ（減）当期に販売した商品の金額 | = | Ⓐ+Ⓑ−Ⓒ=Ⓓ（残）期末に残った商品（期末たな卸資産）の金額 |
|---|---|---|---|---|---|
| 期のはじめに保有していた商品（期首たな卸資産）Ⓐ（残） | 当期に買い入れた商品の取得原価（資産Gの科目）Ⓑ（増） | | たな卸資産（資産Gの科目）を販売するたびに，販売したたな卸資産の金額を売上原価（費用Gの科目）に計上する | | 翌期の期首たな卸資産となる |

たな卸資産（資産Gの科目）→

| Ⓐ | Ⓑ | Ⓐ+Ⓑ | Ⓒ | Ⓓ |
|---|---|---|---|---|
| 残 | 増 | | 減 | 残 |

第 Ⅱ 部

**定期たな卸法（実地たな卸をして売上原価を差引計算する方法）にもとづき売上原価を計算するプロセス**

売上原価の差引計算

| Ⓐ＋Ⓑ<br>当期に販売可能な商品の金額 || － | Ⓓ（残）<br>期末たな卸資産の金額を実地たな卸により計算する | ＝ | Ⓐ＋Ⓑ－Ⓓ＝Ⓒ（減）<br>販売した売上原価を差引計算する |
|---|---|---|---|---|---|
| 期のはじめに保有していた商品（期首たな卸資産）<br>Ⓐ（残） | 当期に買い入れた商品の取得原価（費用Ｇの科目）(注)<br>Ⓑ（増） | | 期末に当期に販売可能な商品の金額から実地たな卸により計算した期末たな卸資産の金額を差し引く | | 期末に期首たな卸資産（資産Ｇの科目）と商品の買入（費用Ｇの科目）の金額を売上原価に振り替える |

(注) 定期たな卸法では，売上原価の差引計算をするために，買入（Purchase）という別の科目（費用Ｇの科目）を使って買い入れた商品の取得原価を計上する

たな卸資産（資産Ｇの科目） ⟶

| Ⓐ | Ⓑ | Ⓐ＋Ⓑ | Ⓒ | Ⓓ |
|---|---|---|---|---|
| 残 | 増 | | 減 | 残 |

第6章　資産グループの科目（その2）：商品・製品などのたな卸資産と売上原価（資産と費用）

(1) **継続たな卸法**（Perpetual Inventory Method）

　これは商品の買入と販売について，その受入れ（増）と払出し（減）の数量と金額を継続的に帳簿に記録する方法です（この帳簿を商品有高帳といいます）。このため，期中のどの時点でも帳簿のうえで商品の残高がわかります。

　継続たな卸法では，商品を買い入れるたびにその商品を会計上の資産として取扱い，資産グループの商品（Merchandise）科目の残高を増やします。次にその商品を販売するたびに，資産グループの商品科目の残高を減らして，商品の取得原価を売上原価に振り替えます。その結果，費用グループの科目の売上原価が増加します。

　さらに，この商品（資産グループの科目）の売上原価（費用グループの科目）への振替えに加えて，売上代金を売上（収益グループの科目）に計上します。このため1件ごとの売上取引で見るとその売上と売上原価の差額が売上による利益となります。

　このように継続たな卸法では，期末に商品の実地たな卸（Physical Inventory Taking）（期末の商品の数量を実際に調べること）をしなくても，期末の商品科目の残高がその会計期間の商品の期末たな卸資産の残高となります。しかし，通常は決算の期末（通常，6ヶ月ごとあるいは1年ごと）には，実地たな卸をして，実際に持っている商品の残高と商品の継続記録による帳簿の残高とを比較して帳簿の残高を実際の残高に修正します。商品が期中に盗難や紛失によってなくなっているときにはこの修正が必要になるのです。継続たな卸法を使うと，通常は実地たな卸まではしない月次の決算においても商品の帳簿にもとづく決算ができるため，月次の損益計算書が作れるというメリットがあります。

101

第 Ⅱ 部

> **継続たな卸法を採用する会社の増加**
>
> 　以前は少量多品種の商品を扱う会社では，商品の残高と入庫・出庫を継続的に記録することが難しく事務的に煩雑になるため，継続たな卸法は敬遠されていました。しかし，最近ではコンピューターによる在庫管理などの管理手法が発達したことから商品の把握がより正確でメリットの多い継続たな卸法を多くの会社が採用しています。

　第5章で扱ったジャパン製造販売株式会社の200X年1月の取引例では商品の買入と販売を継続たな卸法で計上しています。この例のなかの買入取引（入庫）と販売取引（出庫）を商品1個の買入原価をすべて100ドルとしてたな卸資産の継続記録で表わすと，次のようになります。

**たな卸資産の継続記録（Perpetual Inventory Record）**

| 日付 | 買入取引（入庫） | | 販売取引（出庫） | | 手持在庫の残高 | |
|---|---|---|---|---|---|---|
| | 数量 | 買入原価 | 数量 | 売上原価 | 数量 | 金額 |
| 1月5日 | 80 | 8,000 | | | 80 | 8,000 |
| 1月15日 | 300 | 30,000 | | | 380 | 38,000 |
| 1月20日 | | | 80 | 8,000 | 300 | 30,000 |
| 1月25日 | | | 100 | 10,000 | 200 | 20,000 |

（注）商品1個の買入原価はすべて100ドルとする。販売単価はすべて1個150ドル。

　このジャパン製造販売株式会社の買入取引および販売取引を仕訳で示すと，次のようになります。

> **買入取引（1月5日）の仕訳**
>
> 1／5　㊧㊤商品（資産Gの科目）8,000　／　㊨㊦現金（資産Gの科目）8,000

第6章 資産グループの科目（その2）：商品・製品などのたな卸資産と売上原価（資産と費用）

買入取引（1月15日）の仕訳

1／15　㊧㊤商品(資産Gの科目)30,000　／　㊨㊦買掛金(負債Gの科目)30,000

販売取引（1月20日）の仕訳

1／20　㊧㊤売掛金(資産Gの科目)12,000　／　㊨㊦売上(収益Gの科目)12,000
1／20　㊧㊤売上原価(費用Gの科目) 8,000　／　㊨㊦商品(資産Gの科目) 8,000

販売取引（1月25日）の仕訳

1／25　㊧㊤現金(資産Gの科目)15,000　／　㊨㊦売上(収益Gの科目)15,000
1／25　㊧㊤売上原価(費用Gの科目)10,000　／　㊨㊦商品(資産Gの科目)10,000

　この買入と販売の取引では，買入も販売も商品（Merchandise）を資産として取り扱っているところに注目してください。販売のたびに売上に対応する費用である売上原価（Cost of Goods Sold）を認識するために，資産を減少させ費用を増加させます。

(2)　**定期たな卸法**（Periodic Inventory Method）
　この方法では，期末に残った商品（Merchandise）の実地たな卸（Physical Inventory Taking）（期末の商品の数量を実際に調べること）をして期末たな卸資産（Ending Inventory）の金額を決め，その金額にもとづいて販売に使える商品の金額から期末たな卸資産の金額を差し引いて売上原価（Cost of Goods Sold）を計算します。この方法は商品有高帳をつけないで売上原価を計算する簡便法です。つまり，期末に残った商品在庫以外はすべて販売されたという前提で売上原価を計算します。
　この方法では，販売のたびにその商品の払出しの数量と金額を記録しないために，商品の帳簿上の数量および金額がわかりません。このため，商品科目とは別に期首に費用グループとしての買入（Purchase）科目を作り，期首たな卸

資産（Beginning Inventory）に期中の買入（Purchase）の合計額を加えてその期に販売可能な商品の金額を出します。そして期末に，そうして出した販売可能な商品の金額から期末たな卸資産を差し引くことにより，売上原価を計算します。

定期たな卸法は，商品の有高を継続的に記録することが難しいときによく使われます。また，重要性の少ないたな卸資産の計算に使われることもあります。定期たな卸法では，商品有高帳をつけないために，商品の実際の残高と帳簿上の残高との差額がわかりません。

(3) **継続たな卸法と定期たな卸法のちがい**

商品の継続たな卸法と定期たな卸法の会計上の取扱いのちがいを図で示すと次のようになります。

たな卸資産は，商品・製品など貸借対照表の資産グループの科目です。この図では，たな卸資産の期首残高，期中（たとえば，1年の期間）の買入高，期末残高を示します。

① 継続たな卸法（Perpetual Inventory Method）

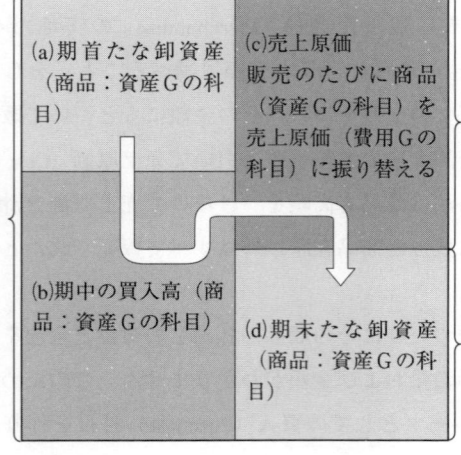

| | | |
|---|---|---|
| 販売可能な商品の金額 | (a)期首たな卸資産（商品：資産Gの科目） | (c)売上原価 販売のたびに商品（資産Gの科目）を売上原価（費用Gの科目）に振り替える | この金額を個別に継続的に記録する |
| | (b)期中の買入高（商品：資産Gの科目） | (d)期末たな卸資産（商品：資産Gの科目） | たな卸資産の継続記録から期末たな卸資産(d)がわかる 〔(a)+(b)〕−(c)=(d) |

第6章 資産グループの科目（その2）：商品・製品などのたな卸資産と売上原価（資産と費用）

② 定期たな卸法（Periodic Inventory Method）

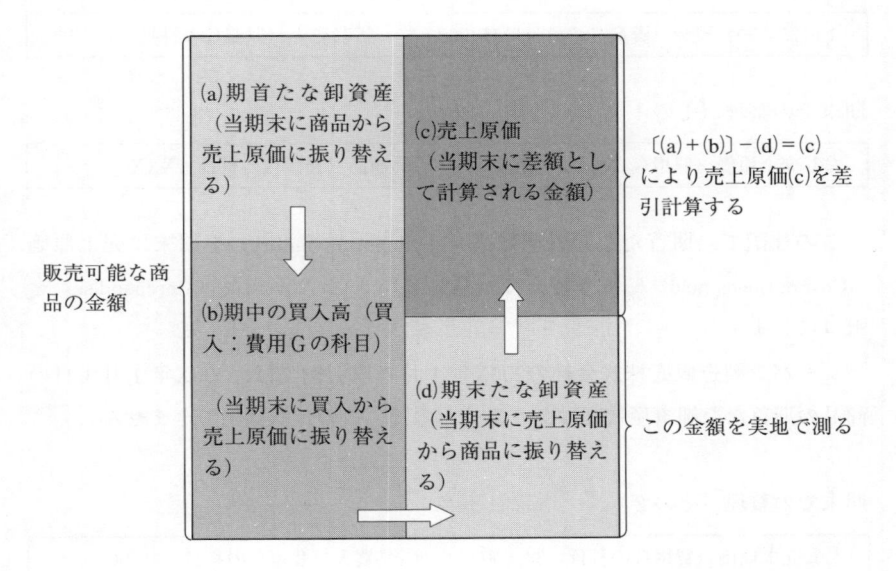

| | |
|---|---|
| (a)期首たな卸資産<br>（当期末に商品から売上原価に振り替える） | (c)売上原価<br>（当期末に差額として計算される金額） |
| (b)期中の買入高（買入：費用Gの科目）<br>（当期末に買入から売上原価に振り替える） | (d)期末たな卸資産<br>（当期末に売上原価から商品に振り替える） |

販売可能な商品の金額 ＝ (a) + (b)

〔(a)＋(b)〕－(d)＝(c) により売上原価(c)を差引計算する

この金額を実地で測る

第5章のジャパン製造販売株式会社の200X年1月の取引例で扱った商品の買入（Purchase）取引と販売（Sales）取引を定期たな卸法（Periodic Inventory System）で計上すると，その仕訳は次のようになります。

買入取引（1月5日）の仕訳

| 1／5 | 左L買入（費用Gの科目）8,000 ／ 右R現金（資産Gの科目）8,000 |

買入取引（1月15日）の仕訳

| 1／15 | 左L買入（費用Gの科目）30,000 ／ 右R買掛金（負債Gの科目）30,000 |

販売取引（1月20日）の仕訳

| 1／20 | 左L売掛金（資産Gの科目）12,000 ／ 右R売上（収益Gの科目）12,000 |

第 Ⅱ 部

販売取引（1月25日）の仕訳

| 1／25 | ㊧Ⓛ現金（資産Ｇの科目）15,000 ／ ㊨Ⓡ売上（収益Ｇの科目）15,000 |

期末での整理（その1）

| ㊧Ⓛ売上原価（費用Ｇの科目）XXX ／ ㊨Ⓡ商品（資産Ｇの科目）XXX |

　この仕訳で，期首たな卸資産残高（Beginning Inventory）を期末に売上原価（Cost of Goods Sold）に振り替えて（移して），いったん商品（Merchandise）をゼロにします。

　ジャパン製造販売株式会社の200X年1月の取引例では，200X年1月1日の商品の期首たな卸資産残高はありませんので，この仕訳は出てきません。

期末での整理（その2）

| ㊧Ⓛ売上原価（費用Ｇの科目）38,000 ／ ㊨Ⓡ買入（費用Ｇの科目）38,000 |

　この仕訳で，期中に買入れた38,000ドルの買入（Purchase）科目を，売上原価に振り替えて（移して），買入科目をゼロにします。

期末での整理（その3）

| ㊧Ⓛ商品（資産Ｇの科目）20,000 ／ ㊨Ⓡ売上原価（費用Ｇの科目）20,000 |

　この仕訳は，期末の実地たな卸（Physical Inventory Taking）により，期末たな卸資産残高（Ending Inventory）が20,000ドルと確認されたので，その残を売上原価（Cost of Goods Sold）から差し引くものです。そのときに，期末たな卸資産残高を表わすために，商品（Merchandise）の科目を使います。

第6章 資産グループの科目（その2）：商品・製品などのたな卸資産と売上原価（資産と費用）

以上の取引による金額を，前に示した図に入れると次のようになります。

200X年1月　　　　　　　　　　200X年2月
（200X年1月1日〜200X年1月31日）　（200X年2月1日〜200X年2月28日）

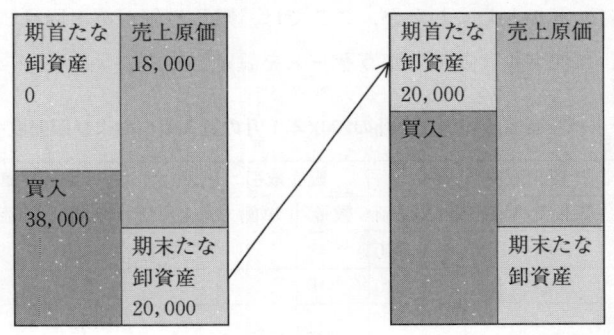

|期首たな卸資産 0|売上原価 18,000|
|---|---|
|買入 38,000|期末たな卸資産 20,000|

|期首たな卸資産 20,000|売上原価|
|---|---|
|買入|期末たな卸資産|

200X年1月の売上原価の計算を式で表わすと，次のようになります。

（期首たな卸資産0＋買入38,000）― 期末たな卸資産20,000＝売上原価18,000

この場合の期末たな卸資産の残高は，実際に200X年1月31日に商品のたな卸しをして求めたものです。

この200X年1月の期末たな卸資産（Ending Inventory）の残高が200X年2月の期首たな卸資産（Beginning Inventory）の残高になります。

## 4 たな卸資産の評価の仮定（Assumption of Inventory Valuation）

売上原価（Cost of Goods Sold）を計算するときに，実際の商品の流れ（入庫・出庫）とは関係なく，商品の流れ（入庫・出庫）についてある仮定を置いて売上原価を計算し，期末たな卸資産（Ending Inventory）を評価します。

前に示したジャパン製造販売株式会社の200X年1月の買入・販売取引では，商品1個の単価が変わらない前提で計算しました。ところが，現実の取引では商品の買入単価は変動します。買入単価が変わる場合は，いくらの単価の商品

を出庫して販売したかが売上原価を決める要因となります。そのために,「たな卸資産の入庫・出庫と評価の仮定」が使われます。

ジャパン製造販売株式会社の200X年1月の取引例では,商品1個の購入単価をすべて100ドルとしましたが,ここでは,購入単価が第1回目（100ドル）と第2回目（120ドル）とでちがうケースを設定します。

**ジャパン製造販売株式会社の200X年1月の買入取引および販売取引**

| 日付 | 買入取引（入庫） | | | 販売取引（出庫） | | | 手持在庫の残高 | | |
|---|---|---|---|---|---|---|---|---|---|
| | 数量 | 単価 | 買入原価 | 数量 | 単価 | 売上原価 | 数量 | 単価 | 金額 |
| 1月5日 | 80 | 100 | 8,000 | | | | 80 | | 8,000 |
| 1月15日 | 300 | 120 | 36,000 | | | | 380 | | 44,000 |
| 1月中 | | | | 180 | ? | ? | 期末200 | ? | ? |

（販売単価はいずれも1個150ドル）

この場合,1月の出庫の単価をいくらにするかにより売上原価が変わります。その結果,期末たな卸資産の金額も変わります。

期末たな卸資産を評価する仮定として最も代表的な①先に買入した商品から先に販売する先入先出法（First-in, First-out Method, ＦＩＦＯ）,②後に買入した商品から先に販売する後入先出法（Last-in, First-out Method, ＬＩＦＯ）,③期首残高と当期の買入の加重平均単価を求めて売上原価を計算する加重平均法（Weighted-average Method, ＷＡ）の3つの方法をこの例にしたがって見ていきます。

第6章 資産グループの科目（その2）：商品・製品などのたな卸資産と売上原価（資産と費用）

① **先入先出法**（First-in, First-out Method, ＦＩＦＯ）

**ジャパン製造販売株式会社の200X年1月の買入取引および販売取引**

| 日付 | 買入取引（入庫） | | | 販売取引（出庫） | | | 手持在庫の残高 | | |
|---|---|---|---|---|---|---|---|---|---|
| | 数量 | 単価 | 買入原価 | 数量 | 単価 | 売上原価 | 数量 | 単価 | 金額 |
| 1月5日Ⓐ | 80Ⓐ | 100 | 8,000 | | | | 80 | | 8,000 |
| 1月15日Ⓑ | 300Ⓑ | 120 | 36,000 | | | | 380 | | 44,000 |
| 1月中 | | | | 80Ⓐ | 100 | 8,000 | 期末<br>200Ⓑ | 120 | 24,000 |
| | | | | 100Ⓑ | 120 | 12,000 | | | |
| | | | | 180 | | 20,000 | | | |

（販売単価はいずれも1個150ドル）

```
売上原価  80個×単価100ドル＝ 8,000ドル
         100個×単価120ドル＝12,000ドル
売上原価合計           20,000ドル
```

② **後入先出法**（Last-in, First-out Method, ＬＩＦＯ）

**ジャパン製造販売株式会社の200X年1月の買入取引および販売取引**

| 日付 | 買入取引（入庫） | | | 販売取引（出庫） | | | 手持在庫の残高 | | |
|---|---|---|---|---|---|---|---|---|---|
| | 数量 | 単価 | 買入原価 | 数量 | 単価 | 売上原価 | 数量 | 単価 | 金額 |
| 1月5日Ⓐ | 80Ⓐ | 100 | 8,000 | | | | 80 | | 8,000 |
| 1月15日Ⓑ | 300Ⓑ | 120 | 36,000 | | | | 380 | | 44,000 |
| 1月中 | | | | 180Ⓑ | 120 | 21,600 | 期末<br>80Ⓐ | 100 | 8,000 |
| | | | | | | | 120Ⓑ | 120 | 14,400 |
| | | | | | | | 200 | | 22,400 |

（販売単価はいずれも1個150ドル）

売上原価 180個×単価120ドル＝21,600ドル

第 Ⅱ 部

**③ 加重平均法** (Weighted-average Method, WA)

**ジャパン製造販売株式会社の200X年1月の買入取引および販売取引**

| 日付 | 買入取引（入庫） | | | 販売取引（出庫） | | | 手持在庫の残高 | | |
|---|---|---|---|---|---|---|---|---|---|
| | 数量 | 単価 | 買入原価 | 数量 | 単価 | 売上原価 | 数量 | 単価 | 金額 |
| 1月5日Ⓐ | 80Ⓐ | 100 | 8,000 | | | | 80 | | 8,000 |
| 1月15日Ⓑ | 300Ⓑ | 120 | 36,000 | | | | 380 | | 44,000 |
| 1月中 | | | | 180 | 115.79 | 20,842 | 期末200 | 115.79 | 23,158 |

（販売単価はいずれも1個150ドル）

> 単価　{(80個×100ドル)＋(300個×120ドル)}÷(80個＋300個)＝115.79ドル
> 売上原価　180個×115.79ドル＝20,842ドル

　以上, 3つの方法による売上原価と期末たな卸資産の金額は, 次のようになります。

| 評価方法 | ⓐ売上原価 | ⓑ期末たな卸資産 | ⓐ＋ⓑ合計 |
|---|---|---|---|
| ① 先入先出法 | 20,000 | 24,000 | 44,000 |
| ② 後入先出法 | 21,600 | 22,400 | 44,000 |
| ③ 加重平均法 | 20,842 | 23,158 | 44,000 |

　①②③のいずれの評価方法を採っても,［売上原価＋期末たな卸資産］の金額は等しくなります。また, この金額は, 入庫の買入原価でもあります。
　したがって,「たな卸資産の入庫・出庫と評価の仮定」は, 買入原価を売上原価と期末たな卸資産に振り分ける方法と言えます。
　後入先出法 (Last-in, First-out Method, ＬＩＦＯ) を採ったときには, 会計期間中に買入単価が上がり, 期末の買入単価が高くなると (インフレの状況になると), 売上原価が他の2つの評価方法に比べて大きくなります。したがって, その場合には, 売上総利益が他の2つの評価方法に比べて小さくなります。

第6章 資産グループの科目（その2）：商品・製品などのたな卸資産と売上原価（資産と費用）

この3つのたな卸資産の評価方法を次の図によって確認してください。

**先入先出法・後入先出法・加重平均法の比較**

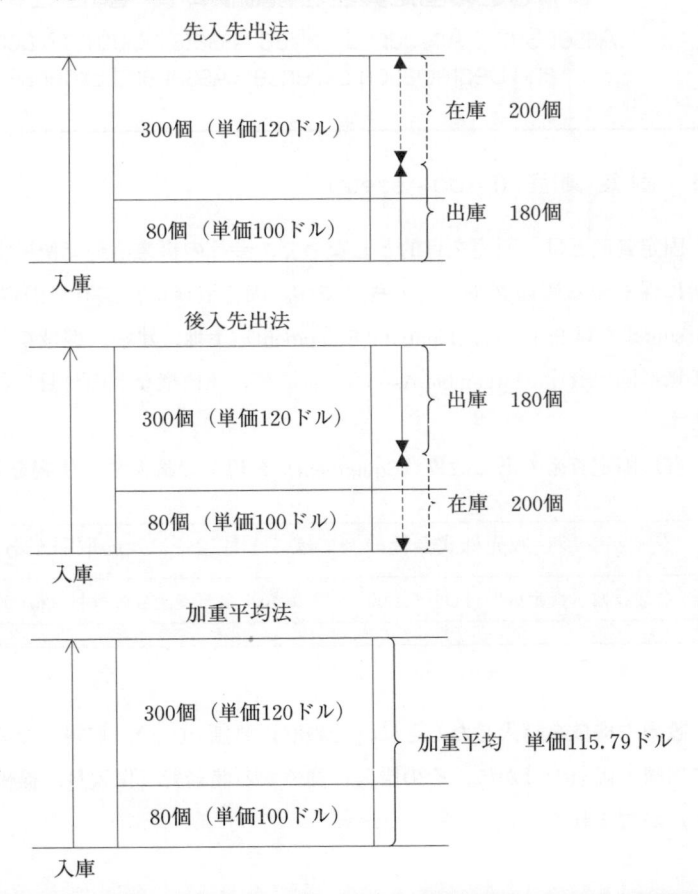

先入先出法
- 300個（単価120ドル）｝在庫　200個
- 80個（単価100ドル）｝出庫　180個
入庫

後入先出法
- 300個（単価120ドル）｝出庫　180個
- 80個（単価100ドル）｝在庫　200個
入庫

加重平均法
- 300個（単価120ドル）
- 80個（単価100ドル）
｝加重平均　単価115.79ドル
入庫

　アメリカでは，インフレの状況のときに売上原価がより高くなり，課税所得が少なくなる後入先出法が多く使われています。一方，日本では，先入先出法と加重平均法が一般的で，後入先出法はあまり使われていません。今後，日本もインフレ時の保守主義会計を進める点から，後入先出法の採用が見込まれます。

111

# 第 7 章 資産グループの科目（その3）：機械などの固定資産と減価償却費（資産と費用）
(Asset Group Account Ⅲ：Fixed Assets including Machinery, and Depreciation Expense – Asset and Expense)

## 1 固定資産 (Fixed Assets)

固定資産とは，販売を目的としないで，会社の事業活動で使用するために長期に保有する資産グループの科目です。固定資産は，①有形固定資産（Fixed Assets または Property, Plant and Equipment）（土地，建物，機械などの科目）と②無形固定資産（Intangible Assets）（特許権，商標権などの科目）とに分けられます。

有形固定資産である設備（Equipment）を現金で購入する仕訳を見ます。

> ジャパン製造販売株式会社の例では，1月12日に次の取引があります。
> ㊧Ⓛ設備（資産Ｇの科目）6,000 ／ ㊨Ⓡ現金（資産Ｇの科目）6,000

設備や機械を購入したときに，その取得原価（Cost）（取得のためのコスト）には購入価額のほかに，その購入に関係する諸経費（保険料，機械の設置費など）が含まれます。

## 2 減価償却 (Depreciation)

設備や機械などの有形固定資産は，長い間，会社の事業に使用します。通常，会社が有形固定資産を使用すると資産の価値が減少します。有形固定資産は会社の収益獲得に貢献しているので，その価値の減少を「収益を得るための費

第7章　資産グループの科目（その3）：機械などの固定資産と減価償却費（資産と費用）

用」として取扱います。そのために有形固定資産の取得原価をその資産を使える年数（この期間を耐用年数（Useful Life）といいます）にわたり適正な方法で費用として配分します。この費用の配分手続のことを減価償却（Depreciation）と言います。また，この費用のことを減価償却費（Depreciation Expense）と言います。ただし，土地（Land）は利用価値が半永久的で使用年数を定められないために，減価償却の対象とはなりません。

次に車の「やさしい例」を使って，減価償却の説明をします。

　車を買うとします。会計の世界では，車を車両と呼びます。車両のなかには乗用車やトラック，バスがありますが，一般には車といい，車といえば乗用車です。

　自動車は，使っていくと価値が減っていきます。そして6年経つと価値がなくなります。

　たとえば，15千ドルの車を買いました。はじめは15千ドルの価値です。だから，15千ドルのお金を払ったのです。それが1年目に2.5千ドル，2年目にも2.5千ドル，3年…と価値が減り，6年経つと価値がゼロになります。このように価値が減っていきます。

　それでは，この6年とは何でしょうか。

　車が「もつ」という言葉があります。それを少し難しい言葉でいうと「使用するのに耐える」，と表現できます。使用するに耐える年数。この場合は6年ですね。

　ここから「用」と「耐」と「年数」を選び出して，使用するに耐える年数で，「耐用年数」となります。簡単にいえば，使える年数。「使える」の代わりに，「使って乗れるということで車としての効用がある」という言い方は日本だけで，欧米では効用（Use）があるということで，Useful Lifeといいます。

　車は乗って使っていけば，毎年少しずつだんだん価値が減っていくのです。

　では，その価値がどこの段階から減るかというと，買ったとき，少し難し

い言葉でいうと「取得したとき」です。そのときの車は15千ドルです。買ったとき，取得したときの価格，値段のことを「取得価額」といいます。

一方，時間が経ってから見れば，もとの値段になります。もとは「元」の字も使いますが，「原始取得価格」などと「原」という字も使います。買ったときの「取得価額」という代わりに，「取得原価」ともいうのはこのためです。取得価額でもいいのですが，取得原価ということもあります。

減価の考え方は，買ったときの値段が15千ドルとして，1年経つごとに15千ドルを6で割った2.5千ドルずつの価値が減る（減価）ということです。1年に2.5千ドルの価値が減るから，1年後の価値は取得価額または取得原価15千ドルから12.5千ドルになります。このときの価額を帳簿につけている価格ということで帳簿価格と読んで，簿価（Book Value）ともいいます。

こうして，簿価が毎年2.5千ドルずつ減っていきます。価値が，15千ドルから12.5千ドルへ，その次の年は12.5千ドルから10千ドルへと減っていくのです。この減らすことを，「償却」といいます。同じ発音の消却（消し去る）も，同じ意味です。何を消し去っていくかというと，減っていく価値，だから減価。減る価値を減価というのです。

そのため，取得価額の価値が減っていく金額を消し去って（償却して），費用にすることを「減価償却」（Depreciation）というのです。

そこで，費用の「費」をつけて，「減価償却費」（Depreciation Expense）といいます。これは減価償却費をコスト，ないしは費用（Expense）として見る。いままで説明してきたことはこれです。

もし有形固定資産（Property, Plant and Equipment）を購入した年にその購入費用の全額をその年の費用として計上した場合には，その費用は会社の収益と対応しません。最初の年は収益に対して費用が多すぎますが，次の年からは収益に対して費用が少なすぎます。この場合には，有形固定資産の取得価額が適正にその資産を使用する期間に配分されません。このため減価償却の手続が必要になります。

第7章　資産グループの科目（その3）：機械などの固定資産と減価償却費（資産と費用）

しかし，減価償却をする場合に，もし有形固定資産の取得原価をその資産の使用期間で自由に費用に計上できるのであれば経営者が自分の都合のいいように費用と利益を操作できます。

本来は，経済的な価値の減少に合わせて減価償却を行うことが理想的ですが，実際には経済的な価値の減少を事前に正確に予測することはできません。そのため，最初に一定のルールを決めて計画的かつ規則的に減価償却をします。

**固定資産の減価償却（Depreciation of Fixed Assets）**

車の簿価⑤と減価償却①（例：残存価額②ゼロの場合）

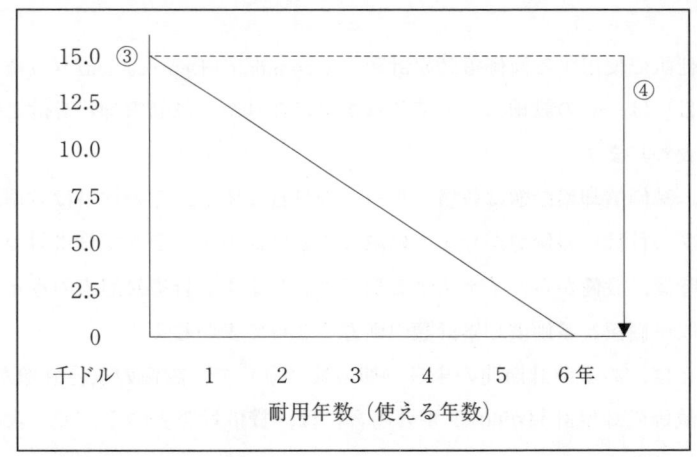

注①　減価償却（Depreciation）：取得価額の価値が減っていく金額を消し去り（償却し）費用にすること
注②　残存価額（Residual Value）：耐用年数がたった後に売れると思われる値だん
注③　取得価額（＝取得原価）（Cost）：資産を購入した価額
注④　減価償却累計額（Accumulated Depreciation）：減価償却した費用のこれまでの合計額
注⑤　簿価（Book Value）：取得価額－減価償却累計額

第 Ⅱ 部

## 3 減価償却の方法（Depreciation Method）

### (1) 減価償却費（費用グループの科目）と減価償却累計額（負債グループの科目）

減価償却費（Depreciation Expense）は毎期の損益計算書に計上されます。

ジャパン製造販売株式会社の200Ｘ年1月の取引例では，6,000ドルの設備（Equipment）を購入しています。この設備について残存価額ゼロとして10年間で毎年同じ額を減価償却するとすれば，1ヶ月の減価償却費は，6,000ドル÷（10年×12ヶ月）＝50ドルです。この毎月の減価償却の仕訳は次のようになります。

| ㊧Ⓛ減価償却費（費用Ｇの科目）50　／　㊨Ⓡ減価償却累計額（負債Ｇの科目）50 |
|---|

この仕訳で使用する減価償却累計額（Accumulated Depreciation）（負債グループの科目）は，その設備についてこれまでにどれだけ減価償却費を計上してきたかを表わします。

なお，減価償却累計額は負債グループの科目ですが，その性格は設備（資産グループの科目）の価値が今までに減った累計額です。それで貸借対照表に表示する時は，設備からマイナスする形で表わします。貸借対照表のうえでは，設備の取得価額と減価償却累計額の両方を2行で表わします。

たとえば，ある会計期間の末日（期の終わり）で，設備の取得価額が6,000ドルで減価償却累計額が600ドルの場合には，貸借対照表のうえで，次のように表わします。

| | |
|---|---|
| 設備（取得原価） | $6,000 |
| 　控除：減価償却累計額 | －600 |
| 　（Less：Accumulated Depreciation） | |
| 　設備（ネット） | $5,400 |

取得原価から減価償却累計額を差し引いた金額が簿価（Book Value）です。簿価は，貸借対照表に計上する帳簿上のネットの資産の価値を示しています。

第7章　資産グループの科目（その3）：機械などの固定資産と減価償却費（資産と費用）

## 減価償却の表示方法（車の「やさしい例」）

(単位：1ドル)

① １年目の車（有形固定資産）の減価償却

仕訳　｜ 左Ⓛ　減価償却費　2,500　／　右Ⓡ　減価償却累計額　2,500 ｜

貸借対照表

| 資産 | 負債 |
|---|---|
| 車両　15,000 | |
| 控除　－2,500 | |
| ネット　12,500 | 純資産 |

損益計算書

売上
費用
　減価償却費　2,500

② ２年目の車（有形固定資産）の減価償却

仕訳　｜ 左Ⓛ　減価償却費　2,500　／　右Ⓡ　減価償却累計額　2,500 ｜

貸借対照表

| 資産 | 負債 |
|---|---|
| 車両　15,000 | |
| 控除　－5,000 | |
| ネット　10,000 | 純資産 |

損益計算書

売上
費用
　減価償却費　2,500

③ ５年目の車（有形固定資産）の減価償却

仕訳　｜ 左Ⓛ　減価償却費　2,500　／　右Ⓡ　減価償却累計額　2,500 ｜

貸借対照表

| 資産 | 負債 |
|---|---|
| 車両　15,000 | |
| 控除　－12,500 | |
| ネット　2,500 | 純資産 |

損益計算書

売上
費用
　減価償却費　2,500

## (2) 減価償却費の計算方法

減価償却費を計算するには，次の３つの用語の意味をつかんでおきましょう。

- 取得原価（購入した価額＝Purchase Price または Cost）
- 耐用年数（使える年数＝Useful Life または Service Life）
- 残存価額（耐用年数がたった後に売れると思われる値だん＝Salvage Value または Residual Value）

減価償却にはおもに２つの計算方法があります。アメリカの会計基準でよく使われる減価償却費の計算方法には，①定額法（Straight–line Method）と②２倍定率法（Double–declining–balance Method）があります。これらは毎期の減価償却費の計算方法がちがうだけで仕訳や元帳記入の方法はどちらも同じです。

アメリカでは，会計上は，見積耐用年数にもとづき，おもに定額法によっています。

① 考え方

会計上は，減価償却を「有形固定資産の取得原価を，その資産の使用により得られる役務の期間にわたり配分する手続」と位置づけています。

② 見積耐用年数

普通の製造設備については，「取得原価を配分する期間＝見積経済耐用年数」を，その業種で一般に採用している年数を考慮しながら，会計監査人と協議し会社が決めています。

③ 減価償却の方法

(a)定額法，(b)２倍定率法などの方法があり，アメリカでは大多数の会社が定額法を採用しています。

# 第7章 資産グループの科目（その3）：機械などの固定資産と減価償却費（資産と費用）

(a) 定 額 法（Straight-line Method）

定額法は，有形固定資産の取得原価から予想される残存価額を差し引いたうえで，耐用年数にわたって毎期均等額の減価償却費を計上する方法です。

$$減価償却費 = \frac{取得原価 - 残存価額}{耐用年数}$$

(b) 2倍定率法（Double-declining-balance Method）

2倍定率法は，毎期一定額ではなく，資産の耐用年数のうち早い期ほど減価償却費が大きくなり，後の期ほど減価償却費が次第に小さくなる計算方法です。

2倍定率法では，毎期の減価償却費は，資産の期首の簿価に定額法で使用する償却率の2倍の償却率を掛けて計算します。2倍定率法では，簿価が減価償却費の計算の基礎となるので，取得原価から残存価額は差し引きません。この減価償却費の計算の基礎となる簿価は，取得原価から期首の減価償却累計額を差し引いた額です。

減価償却費＝期首簿価（取得原価―期首減価償却累計額）× 2倍定率法の償却率*

＊ 2倍定率法の償却率 $= \dfrac{1}{耐用年数} \times 2$

たとえば，耐用年数が5年なら2倍定率法の償却率は $\left(\dfrac{1}{5} = 0.2\right) \times 2 = 0.4$ です。

第 Ⅱ 部

## おもな減価償却方法の図解

定額法

$$減価償却費 = \frac{取得原価 - 残存価額}{耐用年数}$$

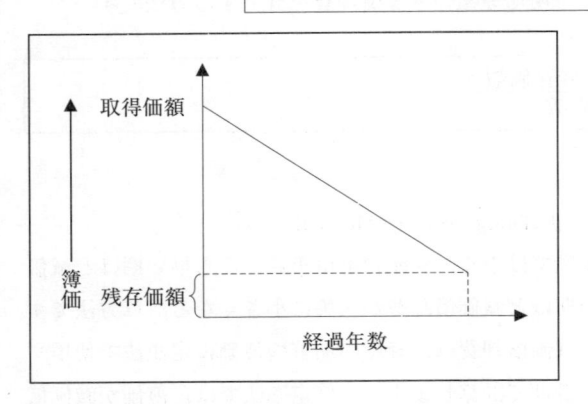

（縦軸：簿価／取得価額・残存価額、横軸：経過年数のグラフ）

2倍定率法

$$減価償却費 = 期首簿価（取得価額 - 期首減価償却累計額） \times \frac{1}{耐用年数} \times 2 \quad （2倍定率法の償却率）$$

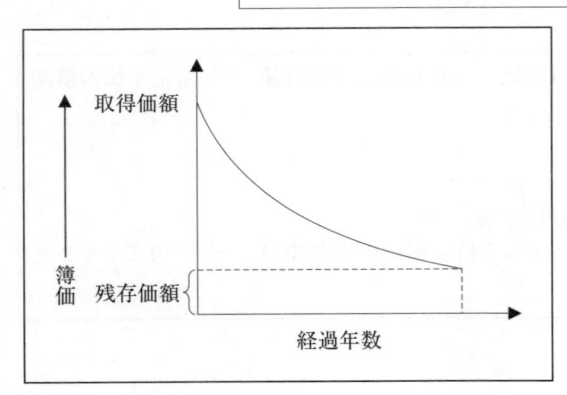

（縦軸：簿価／取得価額・残存価額、横軸：経過年数のグラフ）

第7章　資産グループの科目（その3）：機械などの固定資産と減価償却費（資産と費用）

> **アメリカでは会計と税務で減価償却方法が別々**
>
> 　アメリカでは，日本とはちがう考え方で減価償却が行われています。
>
> 　日本では，会計の帳簿に費用として計上することを前提にして，税務上の損金（法人税法上の費用）として税法の定める償却限度額に達する金額まで減価償却費が認められます。その結果，日本の実務では，ほとんどすべての会社の減価償却が原則として法人税法に基づいて行われています。
>
> 　一方，アメリカでは，会計と税務の減価償却を別々に行います。耐用年数，償却方法，残存価額などが会計と税務との間でちがっても問題ありません。アメリカの実務では，次のような理由から多くの会社が税務では定率法を採り，会計では定額法を採っています。
>
> 　会計で定率法を採ると設備投資をしたすぐあとの費用が定額法を採った場合よりかなり大きくなります。このため多くの経営者は，税務では定率法を採って課税所得をできるだけ少なくし，会計では定額法を採って高い利益を安定的に続けることを選択しています。
>
> 　また，決算書の利用者にとっても，多くの会社が会計上定額法を採用していれば，同じ会社の過去の実績との比較や，他の会社との比較をするときに役に立ちます。

第 Ⅱ 部

アメリカの会社が会計と税務とで別々の減価償却をした場合の差を次の例で見てください。

機械を買った1年目の減価償却費が会計上は10であるのに，税務上は40です。

|  | 会計上 | 税務上 |
|---|---|---|
| 取得価額 | 100 | 100 |
| 償却方法 | 定額法 | 2倍定率法 |
| 耐用年数 | 10年 | 5年 |
| 残存価額 | わかりやすくするため0とする | 左に同じ |
| 償却率 | $100 \div 10$年$= 10$<br>償却率は0.1 | $100 \div 5$年$= 20$<br>定額の率は0.2<br>$0.2 \times 2 = 0.4$<br>2倍定率法（定額の率を2倍にした定率法） |
| 初年度の減価償却費 | $100 \times 0.1 = 10$ | $100 \times 0.4 = 40$ |
| 初年度末の帳簿価額 | 90 | 60 |

第7章 資産グループの科目（その3）：機械などの固定資産と減価償却費（資産と費用）

## 4 無形固定資産（Intangible Assets）

　商標権（Trademark）や特許権（Patent）などの無形固定資産（Intangible Assets）は，測定できる原価で取得された場合に，資産として計上されます。

　無形固定資産が資産として計上されたときには，その原価は耐用年数にわたって償却されます。無形固定資産を償却する処理を償却（Amortization）と言います。また，毎期の費用を償却費（Amortization Expense）といいます。

　無形固定資産を償却するときは，その償却方法として定額法を使います。その際，残存価額（Residual Value）はありません。さらに，有形固定資産の場合に使った減価償却累計額（Accumulated Depreciation）は用いません。無形固定資産を償却するときには，直接，資産を減額します。償却期間は企業が見積もって決めます。ただし，無形固定資産の耐用年数は，契約や法律により期間の定めのある場合には，その期間を超えることはできません。

　たとえば，毎期，特許権を償却する場合の仕訳は，次のようになります。

㊧Ⓛ償却費（費用Gの科目）XXX　／　㊨Ⓡ特許権（資産Gの科目）XXX

123

# 第8章 負債グループの科目
(Liability Group Accounts)

## 1 負債とは (Nature of Liabilities)

負債とは，会社の外の者に対する義務です。負債はその義務の程度に応じて①確定債務（Determinable Liabilities），②見積債務（Estimated Liabilities），③偶発債務（Contingent Liabilities）に分けられます。

①の確定債務とは，すでに支払義務があり支払金額が決まっている債務です。たとえば，買掛金（Accounts Payable）や支払手形（Notes Payable）などは，決った（確定した）金額で債権者から請求されているので確定債務と言います。

②の見積債務とは，会社が支払うべき債務をまえもって見積もれる債務です。たとえば，貸倒引当金（Allowance for Doubtful Accounts）は，将来の貸倒損失（Bad Debt Expense）をまえもって見積もれるので見積債務と言います。

③の偶発債務とは，なにかの発生で生じる義務です。たとえば，会社に対して損害賠償を求める訴えが起こされたときに，ある金額の損害賠償が求められることがほぼ確実な場合には，その損害賠償の予想の額が偶発債務です。偶発債務の計上基準は，会社の義務がほぼ確か（Probable）で，負う義務の額が合理的に見積れる（Reasonably Estimable）ことです。偶発債務には，上記の損害賠償債務のほかに，誰かの債務について保証してあげる保証債務などがあります。

第8章　負債グループの科目

**負債（Liabilities）**

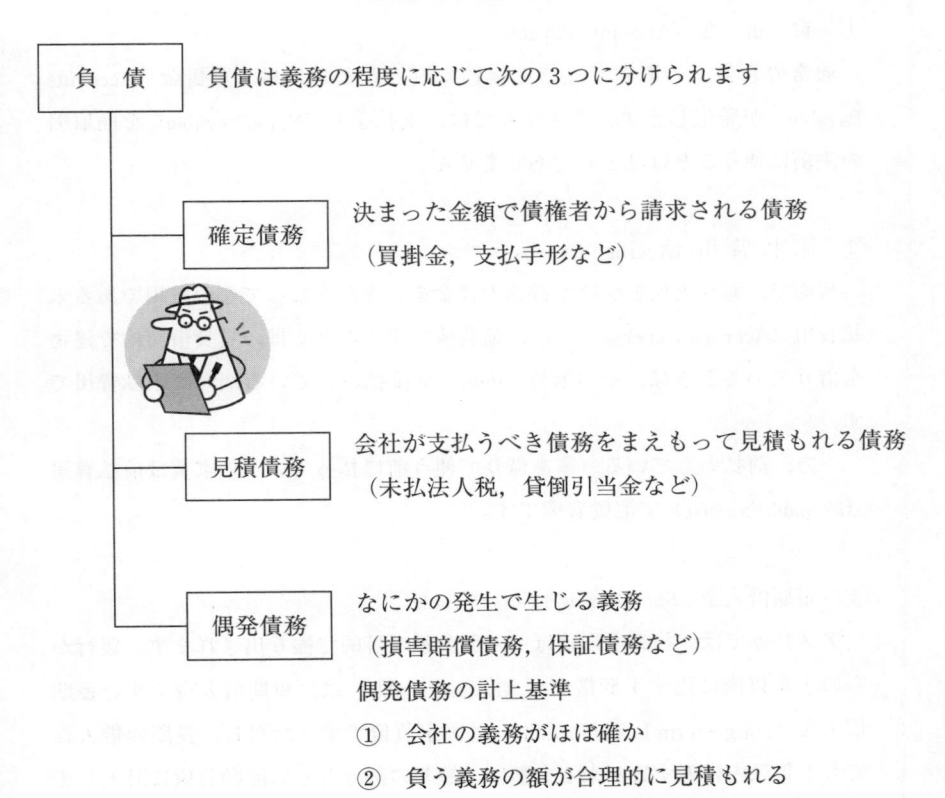

| 負債 | 負債は義務の程度に応じて次の3つに分けられます |

- 確定債務：決まった金額で債権者から請求される債務
  （買掛金，支払手形など）

- 見積債務：会社が支払うべき債務をまえもって見積もれる債務
  （未払法人税，貸倒引当金など）

- 偶発債務：なにかの発生で生じる義務
  （損害賠償債務，保証債務など）
  偶発債務の計上基準
  ① 会社の義務がほぼ確か
  ② 負う義務の額が合理的に見積もれる

## 2　負債の内容（Types of Liabilities）

　貸借対照表の負債グループの科目は流動負債（Current Liabilities）と固定負債（Noncurrent Liabilities）（あるいは非流動負債と言う）の科目に分けられます。流動負債グループの科目は，近い将来（通常1年以内）に期限の来る支払義務です。貸借対照表に並べる順番は，流動性の高い順に上から，流動負債グループの科目，固定負債グループの科目です。

第 Ⅱ 部

(1) **流動負債**(Current Liabilities)
① **買 掛 金**(Accounts Payable)
　通常の営業上の取引で品物を掛けで買ったときには，買掛金(Accounts Payable)が発生します。アメリカでは，支払手形(Notes Payable)を商取引の決済に使うことはほとんどありません。

② **未 払 費 用**(Accrued Expense)
　契約で，もう提供を受けた役務の代金をいまだ支払ってない費用である未払費用(Accrued Expense)は，流動負債です。たとえば，賃貸借契約で建物を借りているときに，その家賃(Rent)を後払いしている部分は未払費用です。
　一方，前払いしている（家を借りて使う前に払っている）家賃は前払費用(Prepaid Expense)で流動資産です。

③ **短期借入金**(Short‐term Loans Payable)
　アメリカでは，約束手形はほとんど金融の目的で振り出されます。銀行からの1年以内に返す手形借入金(Notes Payable)は，短期借入金です。長期借入金(Long‐term Loans Payable)は固定負債です。ただし，長期の借入れでも1年以内に返す日が来る金額は，短期の部分として流動負債に計上します。

④ **前 受 収 益**(Unearned Revenue)
　契約で商品やサービスを顧客に提供する前に顧客から代金の一部または全部を受け取ると前受収益(Unearned Revenue)です。前受収益は，繰延収益(Deferred Revenue)とも言います。たとえば，建物の賃貸借契約を結んで建物を貸している場合に，テナント（賃借人）からその家賃の前払いをしてもらっていれば，前受家賃として流動負債に計上します。このような収益が前受収益です。

一方，もう建物を貸していて，まだ受け取っていない家賃は，未収収益（Accrued Revenue）で，流動資産です。

⑤ 未払配当金（Dividends Payable）

会社の取締役会で配当宣言（Declaration of Dividends）をすると，株主には配当を受取る権利が確定します。会社は宣言した未払配当金（Dividends Payable）を流動負債として計上します。

⑥ 未払税金（Taxes Payable）

未払税金は，政府に対して負っている税金債務の金額です。未払法人税等（Income Taxes Payable）の額は，期末日現在では，正確な金額ではなく見積税額です。

## (2) 未払費用，前受収益（負債グループの科目）と前払費用，未収収益（資産グループの科目）

ここで，負債である未払費用（Accrued Expense），前受収益（Unearned Revenue）と資産である前払費用（Prepaid Expense），未収収益（Accrued Revenue）について，家賃を支払う場合と家賃を受け取る場合に分けて，まとめて仕訳を使って説明します。これらは，現金の支払いか現金の受取りが行われる場合で月次決算をしているときの仕訳です。

後記の「前払費用，前受収益，未払費用，未収収益の例」の図もあわせて参考にしてください。

第 Ⅱ 部

① 家賃を支払う場合

今月の家賃を今月支払う場合には支払うときに次の仕訳となります。これは，ある期間の費用をその期間中に支払うときの仕訳です。

| 左Ⓛ支払家賃（費用Ｇの科目）XXX ／ 右Ⓡ現金（資産Ｇの科目）XXX |

今月の家賃を翌月以降に支払う場合には月（期）末に次の仕訳となります。これは，ある期間の費用をその期間中に支払っていなので，支払義務が発生し負債を負っているため，仕訳の右Ⓡは未払費用（負債Ｇの科目）です。

| 左Ⓛ支払家賃（費用Ｇの科目）XXX ／ 右Ⓡ未払費用（負債Ｇの科目）XXX |

この場合，翌月に未払費用（負債Ｇの科目）を支払うと翌月には支払うときに次の仕訳となります。

| 左Ⓛ未払費用（負債Ｇの科目）XXX ／ 右Ⓡ現金（資産Ｇの科目）XXX |

翌月の家賃を今月支払った場合には支払うときに次の仕訳となります。これは，ある期間の費用をその期間がくる前に支払っているので，仕訳の左Ⓛは前払費用（資産Ｇの科目）です。

| 左Ⓛ前払費用（資産Ｇの科目）XXX ／ 右Ⓡ現金（資産Ｇの科目）XXX |

この場合，翌月になるとその期間の費用になるので，翌月にはこの前払費用（資産Ｇの科目）を次のように支払家賃に振り替えます。

| 左Ⓛ支払家賃（費用Ｇの科目）XXX ／ 右Ⓡ前払費用（資産Ｇの科目）XXX |

第8章　負債グループの科目

② 家賃を受け取る場合

　今月の家賃を今月受け取る場合には受け取るときに次の仕訳となります。これは，ある期間の収益をその期間中に受け取るときの仕訳です。

㊧Ⓛ現金（資産Gの科目）XXX　／　㊨Ⓡ受取家賃（収益Gの科目）XXX

　今月の家賃を翌月以降に受け取る場合には，月（期）末に次の仕訳となります。これは，ある期間の収益をその期間中に受け取っていないので，受け取る権利すなわち未収入金という債権が発生しています。仕訳の㊧Ⓛの未収入金は，未収収益（資産Gの科目）です。

㊧Ⓛ未収入金（資産Gの科目）XXX　／　㊨Ⓡ受取家賃（収益Gの科目）XXX

　この場合，翌月に未収入金（資産Gの科目）を受け取ると翌月には，受け取るときに次の仕訳となります。

㊧Ⓛ現金（資産Gの科目）XXX　／　㊨Ⓡ未収入金（資産Gの科目）XXX

　翌月の家賃を今月受け取る場合には受け取るときに次の仕訳となります。これは，ある期間の収益をその期間がくる前に受け取っているので，仕訳の㊨Ⓡは前受収益（負債Gの科目）です。

㊧Ⓛ現金（資産Gの科目）XXX　／　㊨Ⓡ前受収益（負債Gの科目）XXX

　この場合，翌月になるとその期間の収益になるので，翌月にはこの前受収益（負債Gの科目）を次のように受取家賃に振り替えます。

㊧Ⓛ前受収益（負債Gの科目）XXX　／　㊨Ⓡ受取家賃（収益Gの科目）XXX

第 Ⅱ 部

## 前払費用，前受収益，未払費用，未収収益の例

**前払費用（資産Gの科目）**
（Prepaid Expense）

契約にもとづいて役務の提供を受けている場合，期末までにまだ提供されていない役務の費用を支払ったときに計上

**前受収益（負債Gの科目）**
（Unearned Revenue）

契約で商品や役務を提供する場合，まだ提供していない商品や役務の代金を受け取ったときに計上

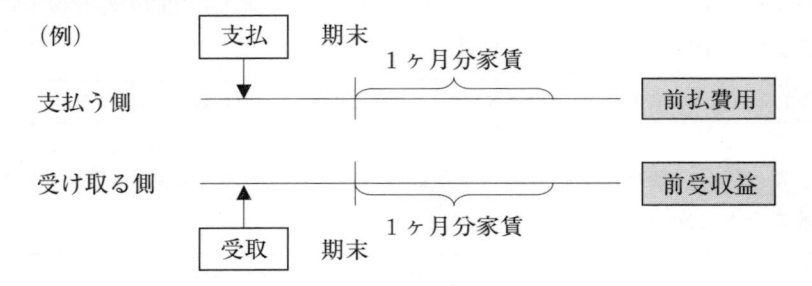

（例）

支払う側　支払　期末　1ヶ月分家賃　→　前払費用

受け取る側　受取　期末　1ヶ月分家賃　→　前受収益

**未払費用（負債Gの科目）**
（Accrued Expense）

契約などですでに役務の提供を受けた場合，その代金を期末の時点で支払っていないときに計上

**未収収益（資産Gの科目）**
（Accrued Revenue）

役務を提供する契約にもとづいて発生した収益を期末までに受け取っていないときに計上

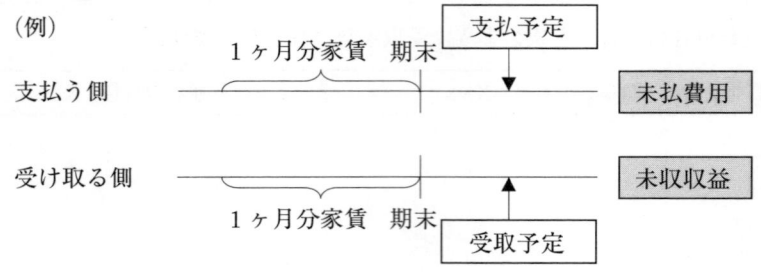

（例）

支払う側　1ヶ月分家賃　期末　支払予定　→　未払費用

受け取る側　1ヶ月分家賃　期末　受取予定　→　未収収益

第8章　負債グループの科目

(3) **固 定 負 債** (Noncurrent Liabilities)

　固定負債には，銀行からの長期借入金（Long‐term Loans Payable）のうち返済期限が1年を超える部分があります。また，年度末から1年を超えて償還（Redemption）する期日が来る社債（Bonds Payable）があります。社債は，会社に資金を貸した社債権者（Bond Holder）に発行される債券です。社債を発行した会社は社債権者に対して償還期日に元本（Principal）を償還し，社債利息の支払日に利息（Interest）を払う義務があります。社債元本の償還をする金額は，額面金額（Face Amount）です。

第 Ⅱ 部

## 負債グループ（Liabilities Group）の科目の内容（まとめ）

① 流動負債（Current Liabilities）

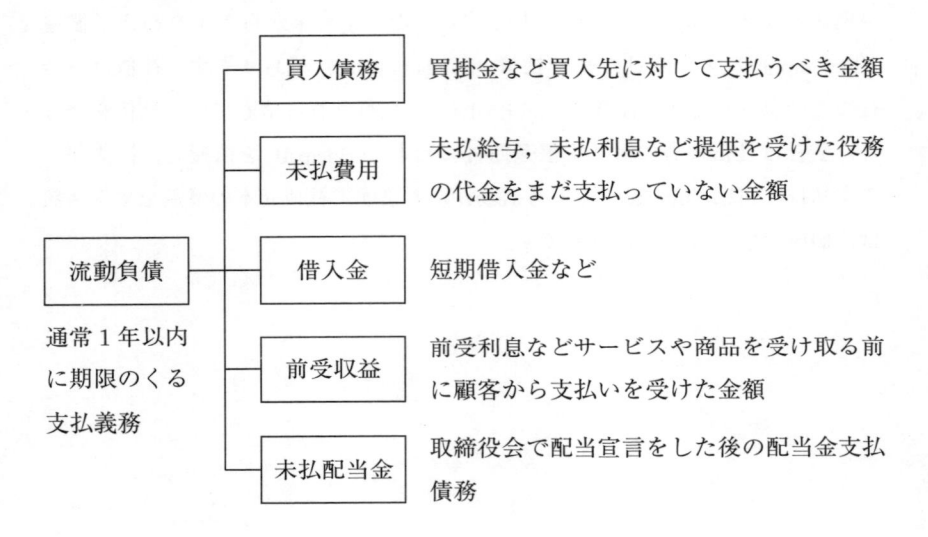

**流動負債**
通常1年以内に期限のくる支払義務

- 買入債務 — 買掛金など買入先に対して支払うべき金額
- 未払費用 — 未払給与，未払利息など提供を受けた役務の代金をまだ支払っていない金額
- 借入金 — 短期借入金など
- 前受収益 — 前受利息などサービスや商品を受け取る前に顧客から支払いを受けた金額
- 未払配当金 — 取締役会で配当宣言をした後の配当金支払債務

② 非流動資産（Noncurrent Liabilities）

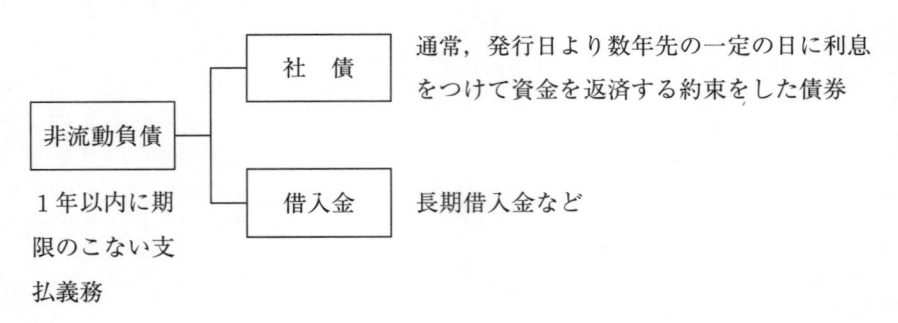

**非流動負債**
1年以内に期限のこない支払義務

- 社債 — 通常，発行日より数年先の一定の日に利息をつけて資金を返済する約束をした債券
- 借入金 — 長期借入金など

# 第 9 章　純資産グループの科目
## (Shareholders' Equity Group Accounts)

### 1　純資産とは (Nature of Shareholders' Equity)

　純資産 (Shareholders' Equity) は，資産 (プラスの資産) から負債 (マイナスの資産) を差し引いたものです。純資産は，大きく分けて，払込資本 (Paid-in Capital) と利益剰余金 (Retained Earnings) です。

　払込資本は，株主が会社に払い込んだお金です。払込資本には資本金 (Capital Stock) と株式払込剰余金 (Additional Paid-in Capital) があります。株式払込剰余金は株式が払い込まれたときに資本金に組み入れられない金額です。たとえば，額面株式 (Par Value Stock) を額面金額 (Par Value) を超える金額で発行したときの額面を超える部分が株式払込剰余金になります。

　会社が借入金や社債の発行により資金を調達したときには，利息 (Interest) を支払い，元本 (Principal) を返済する必要があります。しかし，株式の発行により資金を調達したときには，株主が払い込んだ資本を株主に払い戻す約束はしていません。そのかわり，会社が得た利益から配当金 (Dividend) を支払います。

　利益剰余金は，会社が事業活動で生み出した会社の剰余金 (眼の前に現金が積まれるものではなく，計算上の数字) です。配当はこの利益剰余金から支払われます。つまり，利益剰余金 (純資産グループの科目) の科目の四マスの「残減増残」のなかの「減」で配当金が支払われます。利益剰余金は，会社が事業を始めてから今までに社内に留保してきた累計の利益です。

第 II 部

**純資産は，大きく分けて払込資本と利益剰余金です**

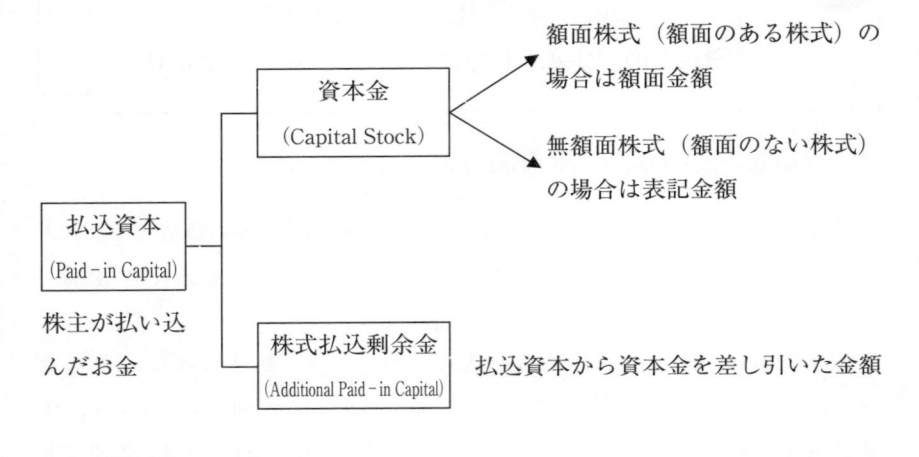

払込資本 (Paid-in Capital) 株主が払い込んだお金
├─ 資本金 (Capital Stock) ─┬→ 額面株式（額面のある株式）の場合は額面金額
│                          └→ 無額面株式（額面のない株式）の場合は表記金額
└─ 株式払込剰余金 (Additional Paid-in Capital) ─ 払込資本から資本金を差し引いた金額

利益剰余金 (Retained Earnings) ─ 会社が，設立以来，事業活動で生み出した累計の純利益から配当を支払ったあとの留保利益

## 2 純資産の内容 (Types of Shareholders' Equity)

### (1) 払込資本

　株主が会社に提供した払込資本は，株主による会社の持分（株主の分）と言えます。

　会社は株主から資本の払込を受けたときには，株主に対して株式 (Stock) という株主の地位を表わす株券（紙）(Stock Certificate) を発行します。株券に額面が載っている株式を額面株式 (Par Value Stock) といいます。額面株式の株券に記載された金額を額面金額 (Par Value) といいます。株券に額面が載っていない株式を無額面株式 (No-par Value Stock) といいます。無額面株式には，表記金額 (Stated Value) が記載されます。アメリカの多くの州では表記金額は取締役会により決められます。現在では，額面金額あるいは表記金額よりかなり大きい金額で株式が発行されるために，額面金額あるいは表記金額はほとん

ど意味がありません。額面金額は，名目的な金額で決められます。しかし，額面金額はいままでの慣習から貸借対照表のうえで報告されています。

　会社が株式を発行するときの発行価額は，会社の業績などにもとづく時価で決まります。株式の発行価額は，額面金額（額面株式の場合）あるいは表記金額（無額面株式の場合）とは関係しません。株式の発行価額と額面金額あるいは表記金額との差が株式払込剰余金（Additional Paid‐in Capital）です。

### (2) 利益剰余金

　利益剰余金（Retained Earnings）は，会社が現在まで事業活動で生み出した純利益から会社設立以来支払った配当を差し引いた金額です。利益剰余金は，留保利益とも言われます。

　ある会計期間の収益（Revenue）の科目の増で利益剰余金が増加し，費用（Expense）の科目の増で利益剰余金が減少します。もし収益の方が費用より大きければこの差額は当期純利益（Net Income）です。利益剰余金は当期純利益で増え，一方，配当の支払いで利益剰余金は減少します。配当は，株主に対する利益剰余金の分配（処分）です。

### (3) 普通株式と優先株式

　株式には普通株式（Common Stock）と優先株式（Preferred Stock）とがあります。普通株式は，配当や会社を清算するときの残余財産の分配について優先的な取扱いがありません。通常，普通株式には議決権（Voting Right）が与えられます。

　株主が現金を払い込み，普通株式が発行される場合の仕訳の例は，次のとおりです（払込金額が20,000ドルで，額面金額1株1ドルの普通株式を2,000株発行する場合）。

第 Ⅱ部

| ㊧Ⓛ現金（資産Gの科目）20,000 | ㊨Ⓡ普通株式（純資産Gの科目）　2,000 |
| | ㊨Ⓡ株式払込剰余金（純資産Gの科目）18,000 |

　優先株式は，配当の支払や会社を清算するときの残余財産の分配について優先的な権利が与えられた株式です。通常，優先株式には議決権（Voting Right）がありません。普通株式の額面金額は実際には重要ではありませんが，優先株式の場合は，通常，額面金額に相当する資産に対して優先権があります。優先株式の配当率は，社債の利率と同じようなものですが，通常，額面金額に対する率ではなく一定の金額で表わされます。

(4) 自己株式

　自己株式（Treasury Stock）は，会社が発行した株式を自ら再取得した株式です。会社は余剰資金を使って自社の株式を買い戻せます。会社にとっては，買い戻した株式に対して配当を支払う必要がなくなります。一方，株主にとっては，株式の売却以外の方法で株式を現金化する機会が得られます。また，会社が自社の株式を買い戻すと，市場で流通する株式の数が減少するので，株主が所有する1株あたりの利益が増加します。その結果，株価を上昇させることができます。

　発行済株式（Issued Stock）から自己株式を引いた株式が流通株式（Outstanding Stock）で，これが実際に市場で流通している株式です。

　会社は，自分の会社の一部を所有できません。したがって，自己株式は資産ではありません。このため，会社が保有する自己株式は，議決権が停止され配当も受けられません。また，貸借対照表の上では，純資産の控除として取り扱われます。

第9章 純資産グループの科目

**自己株式（会社が発行した株式を自ら再取得した株式）**

> 会社が自己株式を取得する目的
> ・ １株あたり利益の増加
> ・ 株価の上昇
> ・ 将来の買収に利用する
> ・ ストックオプションに利用する
>   など

① 自己株式を取得した会社の権利の制限
  ・ 株式の議決権がない
  ・ 配当が受けられない

② 会計上の取扱い
  ・ 自己株式は資産ではないため，純資産からの控除として取り扱う

③ 流通株式（市場で流通する株式）

> 発行済株式数　－　自己株式数　＝　　流通株式数
> (Issued Stock)　(Treasury Stock)　(Outstanding Stock)

(5) 配当の支払い

株主に支払う配当の額は取締役会（Board of Directors）が決定します。取締役会が配当の支払いを決定することを配当の宣言（Declaration of Dividends）と言います。配当の宣言をする仕訳と実際に配当を支払う仕訳は次のとおりです。

配当の宣言をしたとき，利益剰余金から配当する額が決まったので，利益剰余金を減額し，未払配当金（Dividends Payable）を計上します。

第Ⅱ部

| (左)(L)利益剰余金（純資産Gの科目）XXX ／ (右)(R)未払配当金（負債Gの科目）XXX |

後日，未払配当金科目を減額し，現金で配当を支払うときには，次の仕訳となります。

| (左)(L)未払配当金（負債Gの科目）XXX ／ (右)(R)現金（資産Gの科目）XXX |

(6) **株式配当**

配当は，通常，現金で支払われます。ところが，株式の形で配当が支払われることがあります。株式で支払われる配当を株式配当（Stock Dividend）と言います。株式配当は，株主の持株比率に応じて一定の率で支払われます。たとえば，10％の株式配当が支払われる場合には，10,000株を保有する株主は1,000株の株式を新たに受け取ります。株式配当は，持株比率に応じて一定の率で支払われるために，株式配当を受け取ったあとも，株主の持株比率は変わりません。

株式配当が支払われた場合，会社の純資産の総額は変わりません。株式配当が支払われると，株式配当の金額が利益剰余金から株式払込剰余金に振り替えられます。株式配当が支払われるときの仕訳は次のようになります。

株式配当の宣言をしたとき，利益剰余金を減額し，未払配当金（Dividends Payable）を計上します。

| (左)(L)利益剰余金（純資産Gの科目）XXX ／ (右)(R)未払配当金（負債Gの科目）XXX |

後日，株式配当を支払うときに，未払配当金を減額し，株式払込剰余金（Additional Paid-in Capital）を増額します。

| (左)(L)未払配当金（負債Gの科目）XXX ／ (右)(R)株式払込剰余金（純資産Gの科目）XXX |

第9章　純資産グループの科目

## 純資産（Shareholders' Equity）の内容（まとめ）

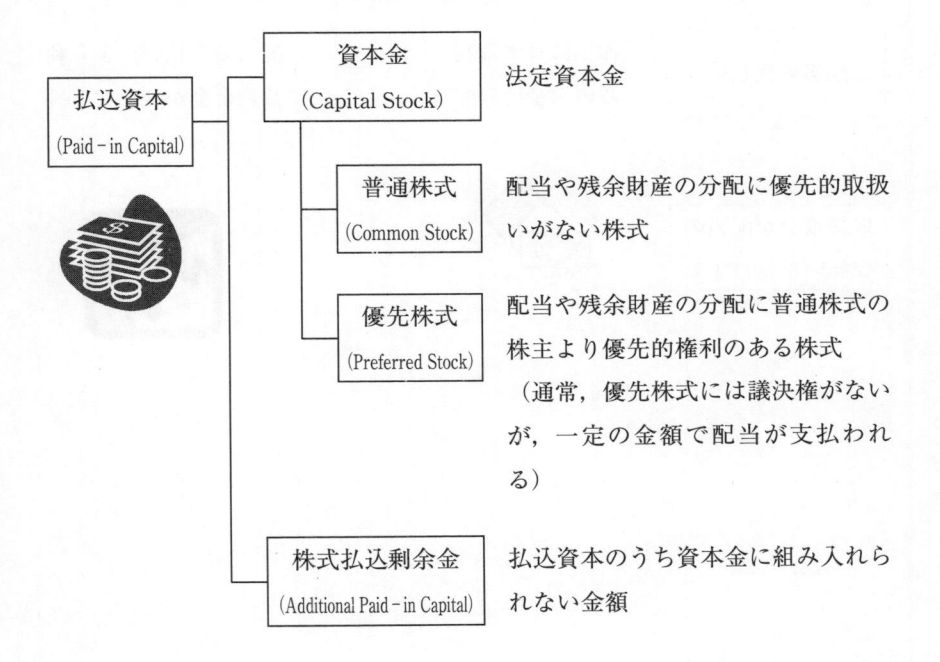

払込資本 (Paid-in Capital)
├ 資本金 (Capital Stock) ── 法定資本金
│  ├ 普通株式 (Common Stock) ── 配当や残余財産の分配に優先的取扱いがない株式
│  └ 優先株式 (Preferred Stock) ── 配当や残余財産の分配に普通株式の株主より優先的権利のある株式（通常，優先株式には議決権がないが，一定の金額で配当が支払われる）
└ 株式払込剰余金 (Additional Paid-in Capital) ── 払込資本のうち資本金に組み入れられない金額

利益剰余金 (Retained Earnings) ── 事業をはじめてから今までに社内に留保してきた累計の利益（利益剰余金は当期純利益で増え，配当の支払いで減少する）

139

第 Ⅱ 部

**配当（Dividend）の支払い（まとめ）**

配当の支払い　　株主に対する利益剰余金の分配　⇒　配当の支払いにより利益剰余金が減少する

取締役会が配当の支払いを宣言する

# 第 Ⅲ 部

第 Ⅱ 部と第 Ⅲ 部の会社例は「ジャパン製造販売株式会社」のケース（発生主義を採用）

　ここまで，第Ⅰ部の英文簿記・会計の「基礎の基礎」に続いて，第Ⅱ部の「資産グループの科目，負債グループの科目，純資産グループの科目」の個別の内容を学習してきました。

　第Ⅲ部では，第Ⅰ部および第Ⅱ部で学習した英文簿記・会計の復習として，ジャパン製造販売株式会社の取引例にもとづいて，試算表・決算整理・精算表を経て貸借対照表と損益計算書を作成するプロセスを見ていきます。すでに第Ⅰ部でジャパンコンサルティング株式会社の取引例にもとづいて学習しましたが，第Ⅲ部ではより実務に近い形で決算書の作成手続を見ていきます。

　第Ⅲ部を学習したところで，ジャパンコンサルティング株式会社とジャパン製造販売株式会社の2つの取引例を材料にした英文簿記・会計の「基礎」の学習を終えます。今後，読者の皆様が英文簿記・会計の学習の幅をさらに広げていかれることを願っています。

第10章　残高試算表・決算整理・精算表から貸借対照表・損益計算書まで／143

# 第10章 残高試算表・決算整理・精算表から貸借対照表・損益計算書まで
(Trial Balance, Adjustments and Work Sheet through Balance Sheet and Income Statement)

第10章では,残高試算表(Trial Balance)から精算表(Work Sheet)を経て貸借対照表(Balance Sheet)と損益計算書(Income Statement)を作る決算の手続を説明します。

第2章でも,ジャパンコンサルティング株式会社の200X年1月の取引の例から,試算表,精算表を経て貸借対照表と損益計算書を作りました。ただし,ジャパンコンサルティング株式会社は,たな卸資産(Inventories)を持っていませんでしたので,第10章では商品というたな卸資産を持っているジャパン製造販売株式会社の200X年1月の取引の例で試算表,精算表を経て貸借対照表と損益計算書を作ります。

また,この章では,試算表,精算表の作成の方法について少し詳しく説明します。このジャパン製造販売会社の事例で,実際の会社の決算により近いケースを練習してみましょう。

## 1 残高試算表の役割 (Roles of Trial Balance)

元帳で集計した各科目の残高をB／S(貸借対照表)とI／S(損益計算書)の試行(Trial)の残(Balance)としての1つの残高試算表(Trial Balance)にまとめます。すなわち,残高試算表はB／SとI／Sのそれぞれの「科目の元帳の残」を記入して集計した表です。通常,残高試算表は毎月作成します。

仕訳の段階で科目の㊧と㊨の数字が一致し,それを元帳にうつし,さらに残高試算表にうつすので,その結果としての残高試算表の左側と右側の数値は必ず一致します。ですから残高試算表の役割は,次のプロセスの精算表の作成を

第 Ⅲ 部

経て貸借対照表，損益計算書作成の基礎となることです。

**残高試算表（Trial Balance）の役割**

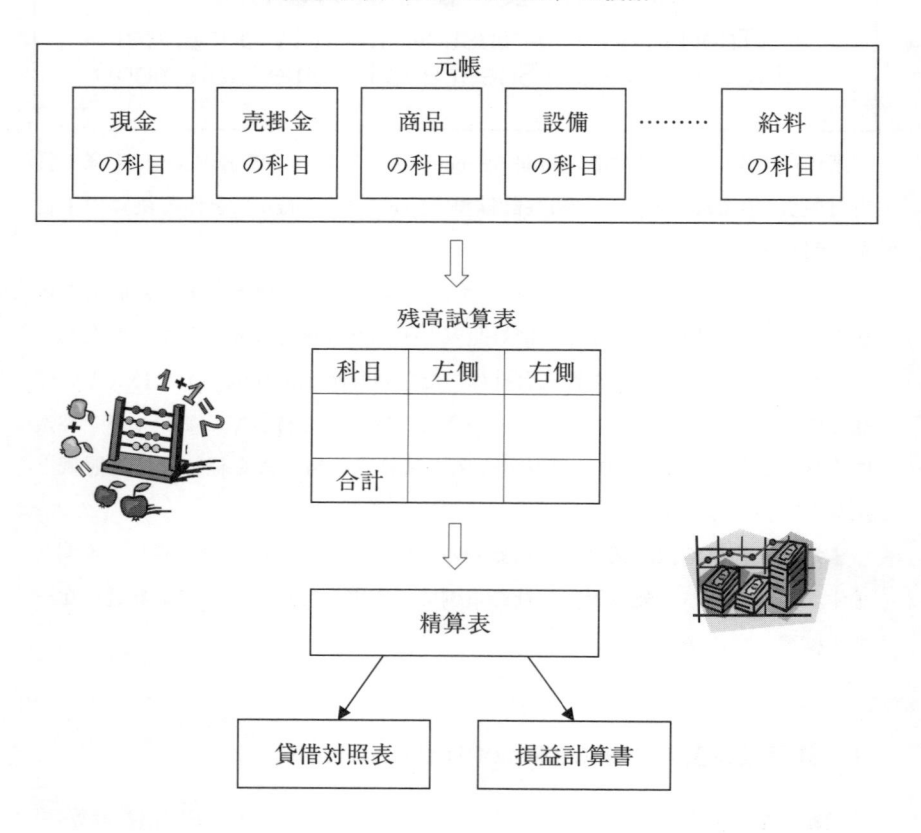

```
┌─────────────────────────────────────────────────────┐
│                      元帳                            │
│  ┌────┐  ┌────┐  ┌────┐  ┌────┐        ┌────┐    │
│  │現金│  │売掛金│ │商品│  │設備│ ……… │給料│    │
│  │の科目│ │の科目│ │の科目│ │の科目│    │の科目│   │
│  └────┘  └────┘  └────┘  └────┘        └────┘    │
└─────────────────────────────────────────────────────┘
```

⇩

残高試算表

| 科目 | 左側 | 右側 |
|------|------|------|
|      |      |      |
| 合計 |      |      |

⇩

精算表

↙ ↘

貸借対照表　　損益計算書

## 2 残高試算表の作成方法（Trial Balance Procedures）

会社の毎月の残高試算表（Trial Balance）の作成方法をこれから述べます。

まず，各科目の元帳に記録されている取引を左側と右側ごとに集計してそれぞれの合計を計算し，その差額を求めます。次に，残高試算表のうえに，元帳ごとにその差額の金額を記入します。

144

第10章 残高試算表・決算整理・精算表から貸借対照表・損益計算書まで

たとえば、売掛金（Accounts Receivable）（資産グループの科目），買掛金（Accounts Payable）（負債グループの科目），現金（Cash）（資産グループの科目），売上（Sales）（収益グループの科目），売上原価（Cost of Goods Sold）（費用グループの科目）の各科目の残高を計算し，その残高を残高試算表に記入します。

このプロセスをジャパン製造販売株式会社の200X年1月の取引の例で見ていきます。最初に決算整理前の各科目の「残増減残」を次のようにT形式に記入します。これはすでに第5章で示したジャパン製造販売株式会社の200X年1月の取引のT形式への記入と同じものです。

(1) **資産グループの科目，負債グループの科目，純資産グループの科目のT形式への記入（科目の月次の締切り後）**

| 現金（資産Gの科目） | | | |
|---|---|---|---|
| 1／1 BB | 0 | 1／5 | 8,000 |
| 1／1 | 20,000 | 1／12 | 6,000 |
| 1／10 | 30,000 | 1／30 | 1,500 |
| 1／25 | 15,000 | 1／31 | 2,500 |
| | | 1／31EB | 47,000 |
| | 65,000 | | 65,000 |
| 2／1 BB | 47,000 | | |

| 売掛金（資産Gの科目） | | | |
|---|---|---|---|
| 1／1 BB | 0 | | |
| 1／20 | 12,000 | 1／31EB | 12,000 |
| | 12,000 | | 12,000 |
| 2／1 BB | 12,000 | | |

| 商品（資産Gの科目） | | | |
|---|---|---|---|
| 1／1 BB | 0 | 1／20 | 8,000 |
| 1／5 | 8,000 | 1／25 | 10,000 |
| 1／15 | 30,000 | 1／31EB | 20,000 |
| | 38,000 | | 38,000 |
| 2／1 BB | 20,000 | | |

| 設備（資産Gの科目） | | | |
|---|---|---|---|
| 1／1 BB | 0 | | |
| 1／12 | 6,000 | 1／31EB | 6,000 |
| | 6,000 | | 6,000 |
| 2／1 BB | 6,000 | | |

第 Ⅲ 部

| 買掛金（負債Gの科目） | | | |
|---|---|---|---|
| | | 1／1 BB | 0 |
| 1／31EB | 30,000 | 1／15 | 30,000 |
| | 30,000 | | 30,000 |
| | | 2／1 BB | 30,000 |

| 借入金（負債Gの科目） | | | |
|---|---|---|---|
| | | 1／1 BB | 0 |
| 1／31EB | 30,000 | 1／10 | 30,000 |
| | 30,000 | | 30,000 |
| | | 2／1 BB | 30,000 |

| 資本金（純資産Gの科目） | | | |
|---|---|---|---|
| | | 1／1 BB | 0 |
| 1／31EB | 20,000 | 1／1 | 20,000 |
| | 20,000 | | 20,000 |
| | | 2／1 BB | 20,000 |

(2) 収益グループの科目，費用グループの科目のT形式への記入（科目の月次の締切り後）

| 売上（収益Gの科目） | | | |
|---|---|---|---|
| | | 1／1 BB(注1) | × |
| | | 1／20 | 12,000 |
| 1／31(注2) | 27,000 | 1／25 | 15,000 |
| | 27,000 | | 27,000 |
| | | 2／1 BB(注2) | × |

| 売上原価（費用Gの科目） | | | |
|---|---|---|---|
| 1／1 BB(注1) | × | | |
| 1／20 | 8,000 | | |
| 1／25 | 10,000 | 1／31(注2) | 18,000 |
| | 18,000 | | 18,000 |
| 2／1 BB(注2) | × | | |

| 賃借料（費用Gの科目） | | | |
|---|---|---|---|
| 1／1 BB(注1) | × | | |
| 1／30 | 1,500 | 1／31(注2) | 1,500 |
| | 1,500 | | 1,500 |
| 2／1 BB(注2) | × | | |

| 給料（費用Gの科目） | | | |
|---|---|---|---|
| 1／1 BB(注1) | × | | |
| 1／31 | 2,500 | 1／31(注2) | 2,500 |
| | 2,500 | | 2,500 |
| 2／1 BB(注2) | × | | |

第10章　残高試算表・決算整理・精算表から貸借対照表・損益計算書まで

（注1）　売上（収益グループの科目）および売上原価・賃借料・給料（費用グループの科目）は，期のはじめの残高が必ずゼロであり×と表示されています。
（注2）　売上（収益グループの科目）および売上原価・賃借料・給料（費用グループの科目）は，期末に残高が損益科目（中間科目）に振り替えられます。この「損益への振替」の真の意味は，『収益（売上ほか）の振替はB／Sの利益剰余金の増加欄への振替，また，費用（売上原価ほか）の振替はB／Sの利益剰余金の減少欄への振替』です。期末の残高と翌期のはじめの残高が必ずゼロになり翌期のはじめの残高は×と表示されています。

(3)　残高試算表

これらのT形式の残増減残・残減増残を使って残高試算表（Trial Balance）を作ると，次のようになります。

### ジャパン製造販売株式会社
残高試算表（Trial Balance）
200X年1月31日現在（As of January 31, 200X）

| | 科目 | 左側 | 右側 |
|---|---|---|---|
| 資産Gの科目 | 現金（Cash） | $ 47,000 | |
| | 売掛金（Accounts Receivable） | 12,000 | |
| | 商品（Merchandise） | 20,000 | |
| | 設備（Equipment） | 6,000 | |
| 負債Gの科目 | 買掛金（Accounts Payable） | | $ 30,000 |
| | 借入金（Loans Payable） | | 30,000 |
| 純資産Gの科目 | 資本金（Capital） | | 20,000 |
| 収益Gの科目 | 売上（Sales） | | 27,000 |
| 費用Gの科目 | 売上原価（Cost of Goods Sold） | 18,000 | |
| | 賃借料（Rent Expense） | 1,500 | |
| | 給料（Salaries Expense） | 2,500 | |
| 合　計 | | $107,000 | $107,000 |

第 Ⅲ 部

## 3　精算表（作業シート）(Work Sheet)

精算表（Work Sheet）は，すでに作成された試算表の次に決算整理の修正仕訳をし，貸借対照表と損益計算書を作成する作業シートです。

精算表の形式ですが，縦の欄には，科目を記載し，横の欄には，左から修正前残高試算表，決算整理，貸借対照表，損益計算書が並びます。

精算表，すなわち作業シートは以下の順序で作成します。

### (1)　修正前残高試算表

修正前残高試算表（Unadjusted Trial Balance）欄には試算表の科目の金額を左側と右側にそのまま書きうつします。科目は最初に貸借対照表の項目を資産グループ・負債グループ・純資産グループの科目の順に記入します。次に損益計算書の項目を収益グループ・費用グループの科目の順に記載します。

### (2)　決 算 整 理

決算整理（Adjustments）の修正仕訳をし，その金額を記入します。修正前の残高試算表で使用されていない科目は，科目欄にあらたに科目を設けて，決算整理の修正仕訳の金額を記入します。

ジャパン製造販売株式会社の200X年1月の取引の例では，200X年1月31日に以下の2つの決算整理仕訳（Adjusting Entry）を行います。

① ジャパン製造販売会社は，衣服を造る設備を試験的に稼働させています。この設備の減価償却方法を以下に述べます。設備（資産グループの科目）の200X年1月分の減価償却費（Depreciation Expense）（費用グループの科目）を計上します。この設備の償却方法は耐用年数10年，残存価額ゼロの定額償却とします（200X年1月の減価償却費は，6,000ドル÷10年×$\frac{1}{12}$＝

第10章　残高試算表・決算整理・精算表から貸借対照表・損益計算書まで

50ドルです)。仕訳の㊥Ⓡは，減価償却累計額（Accumulated Depreciation）です。

| ㊧Ⓛ減価償却費（費用Ｇの科目）50 / ㊥Ⓡ減価償却累計額（負債Ｇの科目）50 |
|---|

② 200X年1月の税引前当期純利益に対する法人税等の支払債務を1,200ドルと見積もります。㊧Ⓛの法人税等（Income Tax Expense）の支払いは費用であり，費用グループの科目になります。㊥Ⓡは負債グループの科目の未払法人税等（Income Taxes Payable）です。

| ㊧Ⓛ法人税等（費用Ｇの科目）1,200 / ㊥Ⓡ未払法人税等（負債Ｇの科目）1,200 |
|---|

　この決算整理による①と②の修正仕訳をＴ形式で示すと，次のようになります。減価償却費および法人税等の1月31日の「損益への振替」については，150頁と151頁を参照してください。

| 減価償却費（費用Ｇの科目） | | | 減価償却累計額（負債Ｇの科目） | | | |
|---|---|---|---|---|---|---|
| 1／1 BB | × | | | | 1／1 BB | 0 |
| 1／31 | 50 | 1／31損益へ振替 50 | 1／31EB | 50 | 1／31 | 50 |
| | 50 | 50 | | 50 | | 50 |
| 2／1 BB | × | | | | 2／1 BB | 50 |

| 法人税等（費用Ｇの科目） | | | 未払法人税等（負債Ｇの科目） | | | |
|---|---|---|---|---|---|---|
| 1／1 BB | × | | | | 1／1 BB | 0 |
| 1／31 | 1,200 | 1／31損益へ振替 1,200 | 1／31EB | 1,200 | 1／31 | 1,200 |
| | 1,200 | 1,200 | | 1,200 | | 1,200 |
| 2／1 BB | × | | | | 2／1 BB | 1,200 |

第 Ⅲ 部

次に,「第4章 収益と費用」で説明したように,締切仕訳として収益グループの科目と費用グループの科目については,中間科目（Intermediate Account）である損益科目（Income Summary Account または Expense and Income Summary Account）を経由して当期純利益（Net Income）または当期純損失（Net Loss）を計算し,それを利益剰余金（Retained Earnings）にうつします。

収益グループの科目と費用グループの科目および損益科目は,永久科目（Permanent Account）ではなく一時科目（Temporary Account）であり,期末にはすべて残高がゼロになります。そして,収益から費用を差し引いた純額がプラスの場合には利益剰余金（純資産グループの科目）の増となり,マイナスの場合には利益剰余金（純資産グループの科目）の減となります。

ジャパン製造販売株式会社の200X年1月の取引の締切仕訳（Closing Entries）と元帳記入は次のようになります。

| ジャパン製造販売株式会社の200X年1月31日の締切仕訳 |
| --- |
| ① 左Ⓛ売上（収益Gの科目）27,000 ／ 右Ⓡ損益（中間科目）27,000 |
| ② 左Ⓛ損益（中間科目）23,250 ／ 右Ⓡ売上原価（費用Gの科目）18,000<br>　　　　　　　　　　　　　　　　　賃借料（費用Gの科目）　1,500<br>　　　　　　　　　　　　　　　　　給料（費用Gの科目）　　2,500<br>　　　　　　　　　　　　　　　　　減価償却費（費用Gの科目）　50<br>　　　　　　　　　　　　　　　　　法人税等（費用Gの科目）1,200 |
| ③ 左Ⓛ損益（中間科目）3,750 ／ 右Ⓡ利益剰余金（純資産Gの科目）3,750 |

第10章 残高試算表・決算整理・精算表から貸借対照表・損益計算書まで

## ジャパン製造販売株式会社の200X年1月の締切仕訳の元帳記入

収益グループの科目と費用グループの科目から損益科目への振替を赤の太字で表示し，損益科目から利益剰余金科目への振替を黒の太字で表示しています。

〔費用グループの科目〕

**売上原価**

| | | | |
|---|---|---|---|
| 1/20 | 8,000 | | |
| 1/25 | 10,000 | 1/31 | 18,000 |
| | 18,000 | | 18,000 |
| 2/1 BB | × | | |

**賃借料**

| | | | |
|---|---|---|---|
| 1/30 | 1,500 | 1/31 | 1,500 |
| | 1,500 | | 1,500 |
| 2/1 BB | × | | |

**給料**

| | | | |
|---|---|---|---|
| 1/31 | 2,500 | 1/31 | 2,500 |
| | 2,500 | | 2,500 |
| 2/1 BB | × | | |

**減価償却費**

| | | | |
|---|---|---|---|
| 1/31 | 50 | 1/31 | 50 |
| | 50 | | 50 |
| 2/1 BB | × | | |

**法人税等**

| | | | |
|---|---|---|---|
| 1/31 | 1,200 | 1/31 | 1,200 |
| | 1,200 | | 1,200 |
| 2/1 BB | × | | |

〔中間科目〕

**損益**

| | | | |
|---|---|---|---|
| 1/31 | 18,000 | 1/31 | 27,000 |
| 1/31 | 1,500 | 1/31 | 27,000 |
| 1/31 | 2,500 | | 27,000 |
| 1/31 | 50 | | |
| 1/31 | 1,200 | | |
| 1/31 | 3,750 | | |
| | 27,000 | | 27,000 |

①
②
③

**利益剰余金**
〔純資産グループの科目〕

| | | | |
|---|---|---|---|
| | | 1/1 BB | 0 |
| 1/31 EB | 3,750 | 1/31 | 3,750 |
| | 3,750 | | 3,750 |
| | | 2/1 BB | 3,750 |

〔収益グループの科目〕

**売上**

| | | | |
|---|---|---|---|
| | | 1/20 | 12,000 |
| 1/31 | 27,000 | 1/25 | 15,000 |
| | 27,000 | | 27,000 |
| | | 2/1 BB | × |

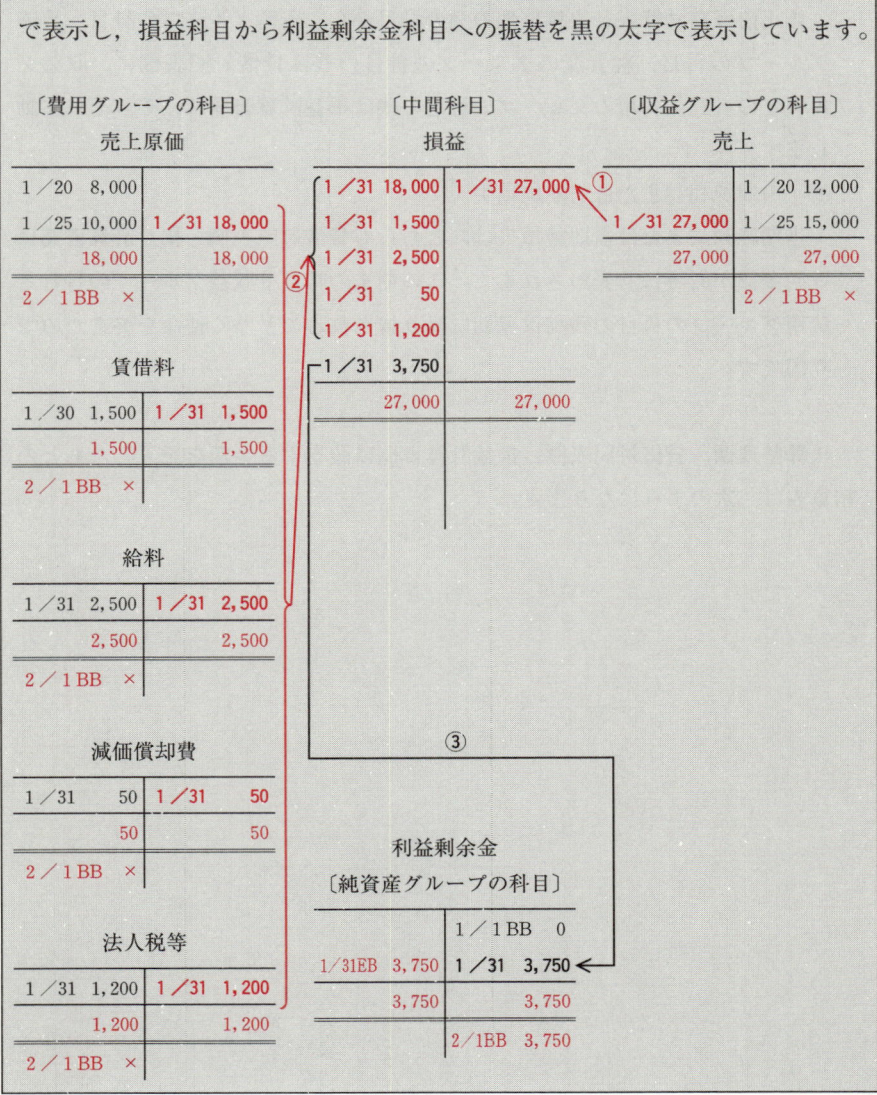

151

第 Ⅲ 部

(3) **貸借対照表および損益計算書**

① 貸借対照表欄と損益計算書欄への移動

　修正前残高試算表と決算整理の欄の科目から，資産グループの科目，負債グループの科目，純資産のグループの科目の残は貸借対照表欄に，収益グループの科目，費用のグループの科目の残は損益計算書欄に，それぞれ移動します。

② 当期純利益または当期純損失

　当期純利益または当期純損失は，どちらも貸借対照表欄と損益計算書欄に「同金額が同時に」表わされます。この期末の時点で収益グループの科目と費用グループの科目の残高は翌期に繰り越されることなく使命を終えたので0円です。

決算整理欄，貸借対照表欄，損益計算書欄に該当する金額を記入したあとの精算表は，次のようになります。

第10章 残高試算表・決算整理・精算表から貸借対照表・損益計算書まで

## ジャパン製造販売株式会社

精算表（Work Sheet）
200X年1月31日（January 31, 200X）

| グループ | 科目 | 残高試算表 借方 | 残高試算表 貸方 | 決算整理 借方 | 決算整理 貸方 | 貸借対照表 借方 | 貸借対照表 貸方 | 損益計算書 借方 | 損益計算書 貸方 |
|---|---|---|---|---|---|---|---|---|---|
| 資産G | 現金 | 47,000 | | | | 47,000 | | | |
| 資産G | 売掛金 | 12,000 | | | | 12,000 | | | |
| 資産G | 商品 | 20,000 | | | | 20,000 | | | |
| 資産G | 設備 | 6,000 | | | | 6,000 | | | |
| 負債G | 買掛金 | | 30,000 | | | | 30,000 | | |
| 負債G | 借入金 | | 30,000 | | | | 30,000 | | |
| 純資産G | 資本金 | | 20,000 | | | | 20,000 | | |
| 収益G | 売上 | | 27,000 | | | | | | 27,000 |
| 費用G | 売上原価 | 18,000 | | | | | | 18,000 | |
| 費用G | 賃借料 | 1,500 | | | | | | 1,500 | |
| 費用G | 給料 | 2,500 | | | | | | 2,500 | |
| | | 107,000 | 107,000 | | | | | | |
| 費用G | 減価償却費 | | | 50 | | | | 50 | |
| 負債G | 減価償却累計額 | | | | 50 | | 50(注) | | |
| 費用G | 法人税等 | | | 1,200 | | | | 1,200 | |
| 負債G | 未払法人税等 | | | | 1,200 | | 1,200 | | |
| | | | | 1,250 | 1,250 | 85,000 | 81,250 | 23,250 | 27,000 |
| | 当期純利益 | | | | | | 3,750 | 3,750 | |
| | | | | | | 85,000 | 85,000 | 27,000 | 27,000 |

（注）減価償却累計額（負債Gの科目）50を設備（資産Gの科目）の控除として貸借対照表に表示すると，「資産合計」と「負債および純資産合計」の金額がそれぞれ84,950となります。この金額が最終的に貸借対照表に表示されます（154頁の貸借対照表を参照してください）。

第 Ⅲ 部

## 4 ジャパン製造販売株式会社の「貸借対照表」(Balance Sheet of Japan Manufacturing and Sales Corporation)

前記の精算表にもとづいて貸借対照表を作ると、次のようになります。

**ジャパン製造販売株式会社**
貸借対照表(Balance Sheet)
200X年1月31日現在(As of January 31, 200X)

| 資産(Assets) | | 負債および純資産(Liabilities and Shareholders' Equity) | |
|---|---|---|---|
| 資産(Assets) | | 負債(Liabilities) | |
| 現金(Cash) | $ 47,000 | 買掛金(Accounts Payable) | $ 30,000 |
| 売掛金(Accounts Receivable) | 12,000 | 借入金(Loans Payable) | 30,000 |
| 商品(Merchandise) | 20,000 | 未払法人税等(Income Taxes Payable) | 1,200 |
| 設備(Equipment)　6,000 | | | |
| 控除：減価償却累計額　－50 | | | |
| (Less：Accumulated Depreciation) | | | |
| 設備(ネット)(Equipment, net) | 5,950 | 負債計 | 61,200 |
| | | 純資産(Shareholders' Equity) | |
| | | 資本金(Capital Stock)　$ 20,000 | |
| | | 利益剰余金(Retained Earnings)　3,750 | |
| 資産計 | 84,950 | 純資産計 | 23,750 |
| 資産合計 | | 負債および純資産合計 | |
| (Total Assets) | $ 84,950 | (Total Liabilities and Shareholders' Equity) | $ 84,950 |

## 5 ジャパン製造販売株式会社の「損益計算書」(Income Statement of Japan Manufacturing and Sales Corporation)

前記の精算表にもとづいてA法の形式（貸借対照表と同じ形式）による損益計算書を作ると，次のようになります。

**ジャパン製造販売株式会社**

損益計算書 (Income Statement)

$\begin{pmatrix} 200\text{X年1月1日から} \\ 200\text{X年1月31日まで} \end{pmatrix}$ (Month of January 200X)

| 費用（Expenses） | | 収益（Revenues） | |
|---|---:|---|---:|
| 売上原価（Cost of Goods Sold） | $ 18,000 | 売上（Sales） | $ 27,000 |
| 賃借料（Rent Expense） | 1,500 | | |
| 減価償却費（Depreciation Expense） | 50 | | |
| 給料（Salaries Expense） | 2,500 | | |
| 法人税等（Income Tax Expense） | 1,200 | | |
| 費用合計 | 23,250 | | |
| 当期純利益（Net income） | 3,750 | 収益合計 | 27,000 |

これを，B法の形式による通常の損益計算書の形で表わすと，次のようになります。

第 Ⅲ 部

**ジャパン製造販売株式会社**

損益計算書（Income Statement）

$\begin{pmatrix} 200\text{X年１月１日から} \\ 200\text{X年１月31日まで} \end{pmatrix}$ （Month of January 200X）

| | | |
|---|---:|---:|
| 売上（Sales） | | $27,000 |
| 営業費用（Operating Expenses） | | |
| 　売上原価（Cost of Goods Sold） | $18,000 | |
| 　賃借料（Rent Expense） | 1,500 | |
| 　減価償却費（Depreciation Expense） | 50 | |
| 　給料（Salaries Expense） | 2,500 | |
| 営業費用合計（Total Operating Expenses） | | 22,050 |
| 税引前当期純利益（Income before Income Taxes） | | 4,950 |
| 　法人税等（Income Tax Expense） | | 1,200 |
| 当期純利益（Net Income） | | $3,750 |

# 附　　　章（附章１と附章２）

　第Ⅰ部で英文簿記・会計の「基礎の基礎」を，第Ⅱ部で「資産グループの科目，負債グループの科目，純資産グループの科目」の個別の内容を，第Ⅲ部でジャパン製造販売株式会社の取引例にもとづき試算表・決算整理・精算表から貸借対照表と損益計算書を作成するプロセスを学習しました。

　これで，英文簿記・会計の「基礎」を最後まで見てきたことになりますが，今後皆様がさらに英文会計の知識を深めていかれるときに重要なテーマとして出てくる２つの分野を附章として付け加えました。これは，英文簿記・会計の「基礎」をマスターしてから学習していく項目ではありますが，実務では大切な分野ですのでそれぞれの基礎的な考え方とあらましを見てください。

　第１に，歴史の古いアメリカの連結決算のあらましを見ていきます。連結決算は奥の深い分野であり，アメリカでも上級書で学習するテーマです。しかし，実務では連結決算の重要性がますます大きくなっていることから，その基本を理解することが求められています。

　第２に，貸借対照表と損益計算書につづく第３の財務諸表と言われるキャッシュフロー計算書について見ていきます。発生主義会計では会社のキャッシュの実態が必ずしも十分に把握できない内容をキャッシュフロー計算書によりカバーできます。

　これらを読者の皆様の今後の英文会計の学習と実務の参考にしていただければ幸いです。

附章１　連結財務諸表／159
附章２　キャッシュフロー計算書／174

# 附章 1　連結財務諸表
## （Consolidated Financial Statements）

## 1　連結決算の目的 (Purposes of Consolidated Financial Statements)

　連結財務諸表（Consolidated Financial Statements）は，企業グループ全体の経営成績と財政状態を示します。会社は事業の一部を子会社（Subsidiary CompanyまたはSubsidiary）や関連会社（Affiliated Company）に移したり，製造会社，販売会社などを子会社として設立したりします。これらの会社はそれぞれ個別の財務諸表を作成しますが，それらを単純に合計しただけではその企業グループの真の経営成績や財政状態は分かりません。たとえば，親会社（Parent Company）の業績が良くても，子会社が大幅な赤字を計上していれば，その企業グループ全体では負債超過（債務超過）や赤字のこともあります。

　また，企業グループ内の会社同士の売り買いの取引や，貸し借りは，お互いに差し引いて消し合う必要があります。そうしないと企業グループの外からは本当の会社の姿が見えてきません。

　連結決算は，株主や債権者にとり個別の財務諸表より意味があります。会社の経営成績や財政状態を見るためには，企業グループ全体で見ていくことが欠かせません。連結決算は粉飾決算を防止するために役に立ちます。企業グループ全体を1つの会社とみなすために，親会社が子会社に押し込み販売をしたり，架空の売上を計上することによって得た利益は，最終的に消去されてしまいます。

　しかし，会社の業務が多角化し，また国際的な広がりを持ってくると連結決算は単に粉飾決算を防止することにとどまらず，連結決算書は企業グループの業績をすばやく的確に世界中の投資家に伝えるための大変重要な決算書です。

　この連結決算がわかるように，やさしく基礎から見ていきます。

附章

## 会社を連結するということ

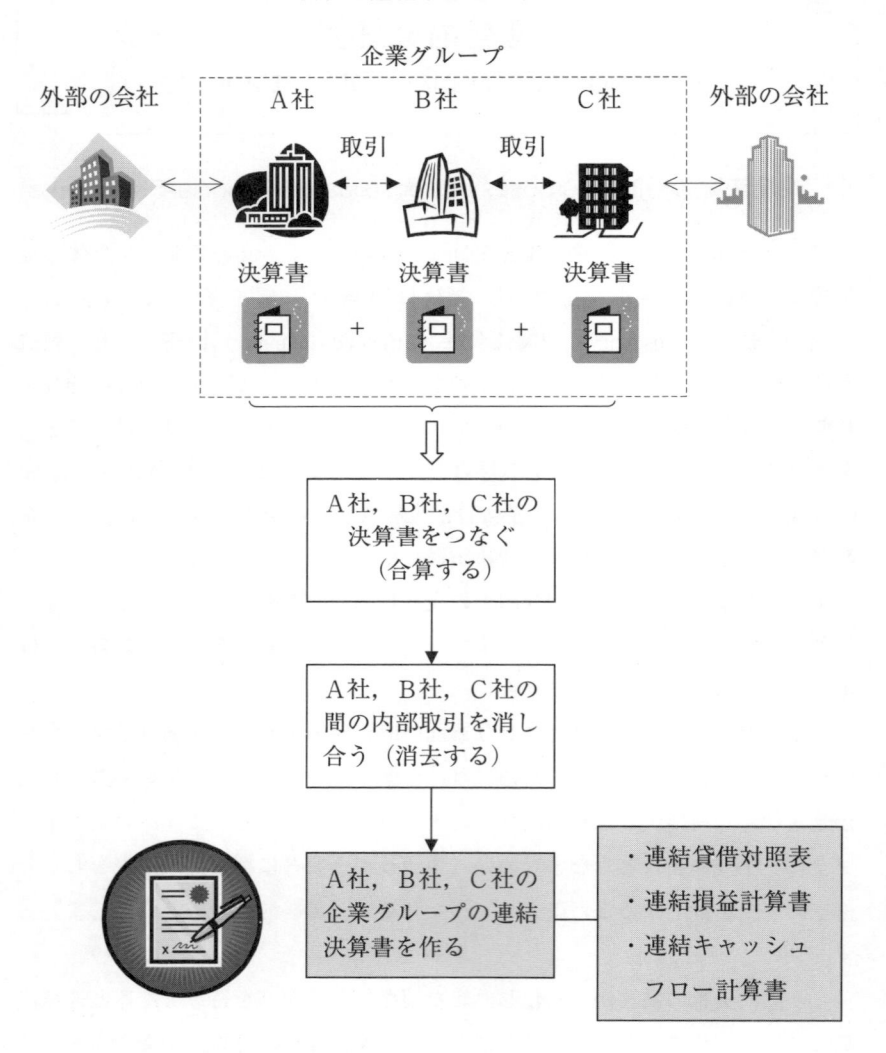

企業グループ: A社 ― 取引 ― B社 ― 取引 ― C社

外部の会社 ↔ A社、C社 ↔ 外部の会社

決算書 + 決算書 + 決算書

⇩

A社, B社, C社の決算書をつなぐ（合算する）

↓

A社, B社, C社の間の内部取引を消し合う（消去する）

↓

A社, B社, C社の企業グループの連結決算書を作る

- 連結貸借対照表
- 連結損益計算書
- 連結キャッシュフロー計算書

## 2 アメリカの連結財務諸表（Consolidated Financial Statements in the United States）

アメリカでは，1894年にすでにゼネラル・エレクトリックが連結財務諸表（Consolidated Financial Statements）を作成・公表していました。20世紀になって会社合同の動きが活発になり，事業を個々の会社だけではなく企業グループで見るようになりました。1900年代初頭には，USスチール，イーストマン・コダックなどが連結財務諸表を開示するようになりました。

そのころからアメリカでは，親会社（Parent Company）の単独決算よりも連結決算のほうが利益が大きく見え，財務内容もよりよく表示されると考えられていました。そのためアメリカの会社は，有利な資金調達を狙い連結財務諸表を公表してきました。そして証券市場での上場会社では，1933年証券法（Securities Act of 1933），1934年証券取引法（Securities Exchange Act of 1934）の制定により連結財務諸表の提出が決まりました。

アメリカでは連結財務諸表の方針と手続きについて基本的な考え方が1959年に確立されました。ただし，業種が異なる事業を連結決算から外すことが認められていました。しかし，1987年に連結決算の会計基準が改められ，企業グループ内の会社については業種が異なっていても，原則としてすべての過半数を所有する子会社の連結が求められることになりました。

現在では，アメリカの公的財務諸表のほとんどが連結財務諸表です。

附　章

> **日本の連結決算**
>
> 　わが国では，1978年3月期から連結決算が導入されました。しかし，わが国に最初に導入された連結決算は，個別財務諸表が中心で，連結財務諸表はそれに従属する書類の位置づけでした。
>
> 　1990年代に入り，わが国の会計ビッグバンが進展するなかで，ようやく2000年3月期から連結決算を中心とする考え方に移行しました。有価証券報告書を提出する会社は，「経理の状況」の最初に連結決算書を表示することになりました。また，連結する会社の範囲を決める基準として従来の持株基準に加えて，支配力基準（持株が50％以下であっても，業務の内容や取締役会を支配しているかどうかで連結決算の子会社に該当するか否かを判断する基準），影響力基準（持株が20％未満であっても，財務・事業の方針に重要な影響を与えうる一定の事実，契約などがある場合には，持分法適用会社とする基準）が導入されました。
>
> 　その後，2002年5月に商法が改正され，商法上も連結決算書類制度が適用されました。ただし，現在，会社法のもとで連結決算書類を作成する義務のある会社は大会社（資本金5億円以上または負債が200億円以上の会社）に限られ，それに加えて，有価証券報告書を提出している会社に限られています。

## 3　連結決算書の作成方法 (Consolidated Financial Statements Procedures)

### (1) 連結決算に入る会社の範囲

　アメリカでは，他の会社の議決権株式の過半数（50％超）を実質的に所有している子会社を原則としてすべて連結します。

　ただし，次の場合には連結の範囲から除かれ，連結決算に含める必要がありません。

- 子会社への支配が一時的である場合
- 過半数の所有者（Majority Owner）が子会社を支配していない場合

附章1 連結財務諸表

たとえば,子会社が更生会社や破産会社であるとき

ここで,他の会社を支配する(Control)とは,過半数の議決権を持ち,取締役(Directors)の過半数を選任したり,株主総会(Shareholders' Meeting)での意思決定に対して賛成あるいは反対の決定権を持ったりすることをいいます。

連結の範囲を決めるときに,他の会社の議決権株式の過半数(50%超)を実質的に所有するとは,以下の例の①と②のB社とC社に対する所有を言います。例のうち③は,B社が連結の範囲に入りますがC社は連結の範囲からはずれます。

① 親会社(A社)が子会社(B社)の議決権株式の過半数を所有し,その子会社(B社)がさらに親会社からみて孫会社にあたる会社(C社)の議決権株式の過半数を所有している場合

**A社,B社,C社が同じ企業グループの連結の範囲に入る**

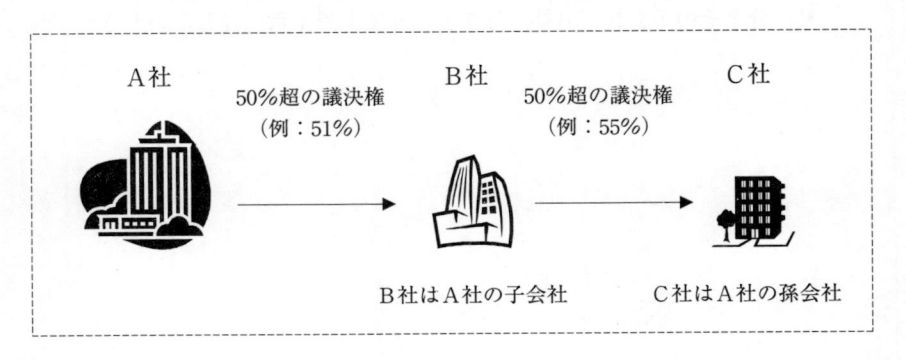

A社 ──50%超の議決権(例:51%)──→ B社 ──50%超の議決権(例:55%)──→ C社

B社はA社の子会社　　C社はA社の孫会社

② 親会社(A社)が子会社(B社)の議決権株式の過半数を所有し,さらに別の会社(C社)の議決権株式を所有する場合,その子会社(B社)がC社の議決権株式を所有するとき,C社に対する持株比率が親会社(A社)分とその子会社(B社)分を合わせると過半数に達するとき

附　章

**A社，B社，C社が同じ企業グループの連結の範囲に入る**

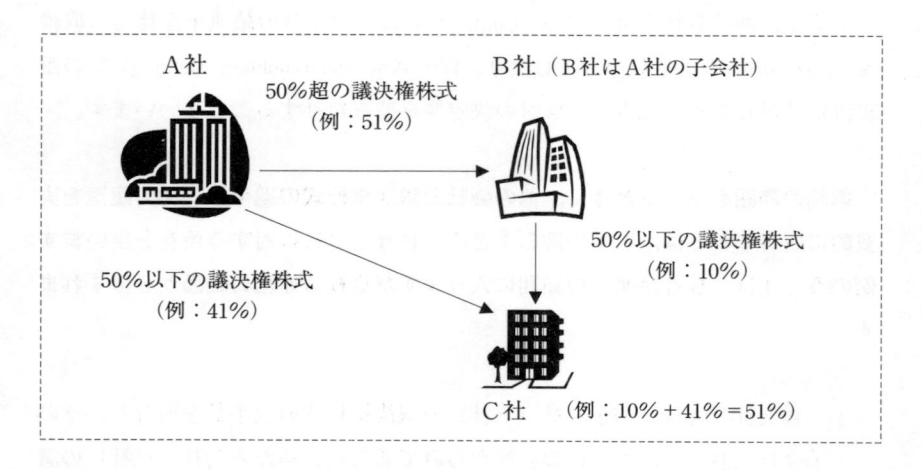

A社
50%超の議決権株式
（例：51%）
B社（B社はA社の子会社）

50%以下の議決権株式
（例：10%）

50%以下の議決権株式
（例：41%）

C社　（例：10% + 41% = 51%）

③　親会社（A社）が子会社（B社）の議決権株式の過半数を所有し，さらに別の会社（C社）の議決権株式を所有する場合，A社の子会社（B社）がC社の議決権株式を所有するとき，C社に対する持株比率が親会社（A社）分とその子会社（B社）分を合わせても過半数に達しないとき

附章1　連結財務諸表

A社とB社が同じ企業グループの連結の範囲に入るが，C社は連結の範囲に入らない

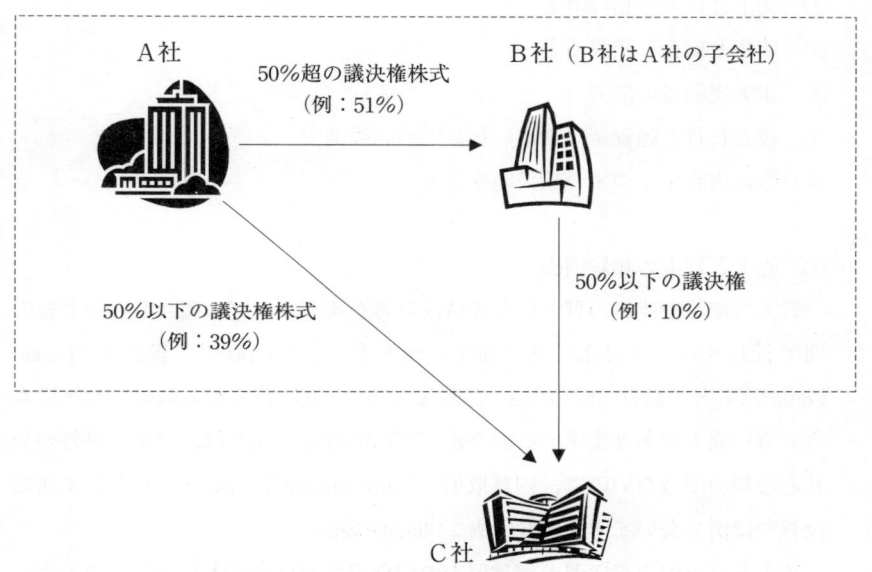

```
         A社          50%超の議決権株式         B社（B社はA社の子会社）
                        （例：51%）

                                                  50%以下の議決権
         50%以下の議決権株式                         （例：10%）
            （例：39%）

                            C社
                    （例：10% + 39% = 49%）
```

### (2) 連結決算の方法

　連結財務諸表は，連結貸借対照表（Consolidated Balance Sheet），連結損益計算書（Consolidated Income Statement），連結キャッシュフロー計算書（Consolidated Statement of Cash Flows）などです。

　連結財務諸表を作成するときには，最初に親会社の財務諸表と子会社の財務諸表とを合計しますが，同じ企業グループ内の親会社と子会社との売買取引，貸し借りの取引などをお互いに消し合います。これをグループ内取引の「相殺消去」（Elimination）といいます。それで，グループの外との取引だけが連結財務諸表にのるのです。

附　章

　連結財務諸表を作成するときには，以下の項目をはじめとする相殺消去が行われます。

① 売上と買入の相殺消去
② 債権と債務の相殺消去
③ 未実現利益の消去
④ 投資科目と純資産（資本）科目との相殺消去

これらの内容を1つずつ見ていきます。

① 売上と買入の相殺消去

　買入（商品や原料の買入）が連結決算の企業グループの親会社と子会社の間で行われることはよくあります。企業グループ内取引で親会社（Parent Company）と子会社（Subsidiary Company）の一方に買入があれば，当然にもう一方に売上があります。このグループ内の買入と売上は，グループ外の会社との取引ではないので，内部取引（Intercompany Transactions）として連結決算では消し合います（相殺消去：Elimination）。

　買入と売上の内部取引の相殺消去の例を損益計算書で表わすと，次のようになります。

附章1　連結財務諸表

```
   子会社I/S                               親会社I/S
売上            100    相              売上               150
(親会社からの)買入  80  ← 殺 → (子会社への)売上    80
                       消              売上原価           190
                       去
利益             20                    利益                40
```

```
        連結I/S
   売上          250
   売上原価      190
   利益           60
```

> グループ内の取引は外部との本当の取引でないので消し去る(相殺消去)

> 個別に継続的にたな卸資産を帳簿に記録(継続たな卸法により記録)できれば，子会社の買入は売上原価と考えることができる。よって，売上と相殺消去する科目は売上原価とする。

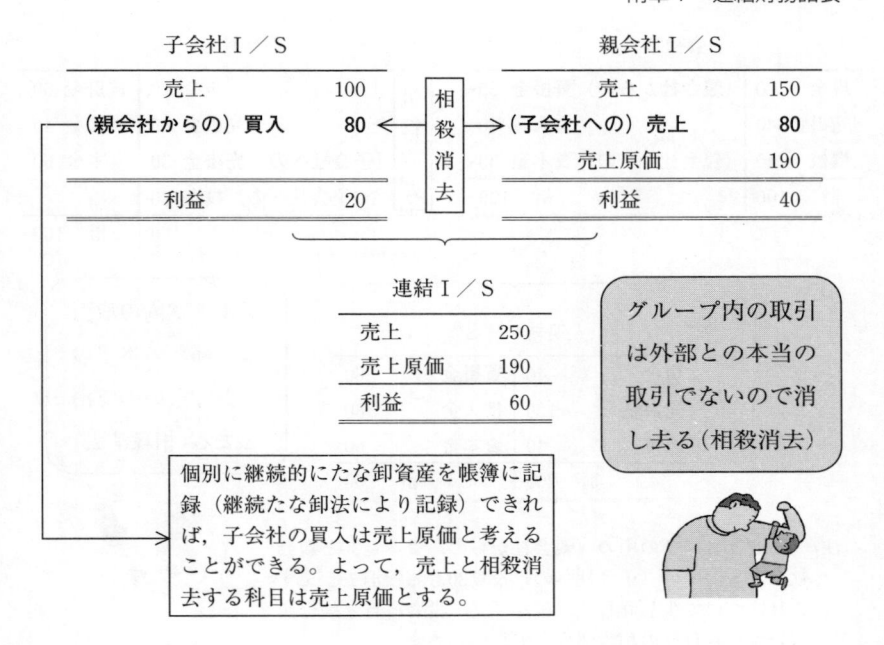

「売上と買入」のほかにも，損益計算書のなかで表わされる親子間の取引として，「受取利息と支払利息」「賃貸料と賃借料」などがあります。

② 債権と債務の相殺消去

連結決算の企業グループの親会社と子会社の間の債権と債務には，「売掛金と買掛金」，「受取手形と支払手形」，「貸付金と借入金」，「未収入金と未払金」などがあります。これらの債権と債務とを消し合います（相殺消去：Elimination）。

債権と債務を消し合うには，まず，債権額と対応する債務額が合致するかどうかを確認する必要があります。実務では，この確認の段階でさまざまな訂正処理が行われます。

売掛金と買掛金の内部取引の相殺消去の例を貸借対照表で表わすと，次のようになります。

附　章

| 子会社B／S | | | |
|---|---|---|---|
| 現金 | 20 | **（親会社からの）買掛金** | **30** |
| 売掛金 | 40 | 借入金 | 40 |
| 機械 | 40 | （親会社からの）資本金 | 30 |
| 計 | 100 | 計 | 100 |

相殺消去

| 親会社B／S | | | |
|---|---|---|---|
| | | 現金 | 20 | 買掛金 | 60 |
| | | 売掛金 | 80 | 借入金 | 40 |
| **（子会社への）売掛金** | **30** | 資本金 | 60 |
| （子会社への）投資 | 30 | | |
| | | 計 | 160 | 計 | 160 |

| 連結B／S | | | |
|---|---|---|---|
| 現金 | 40 | 買掛金 | 60 |
| 売掛金 | 120 | 借入金 | 80 |
| 機械 | 40 | 資本金 | 60 |
| 計 | 200 | 計 | 200 |

> グループ内の取引は外部との本当の取引でないので消し去る（相殺消去）

（注）　子会社B／Sの中の（親会社からの）資本金30と親会社B／Sの中の（子会社への）投資30も相殺消去します。これについて少し詳しく，後記「④　投資科目と純資産（資本）科目との相殺消去」で説明します。

③　未実現利益の消去

　親会社が子会社に商品・製品を販売する場合に，その販売した商品・製品が子会社で在庫として残っている場合には，親会社の販売利益がその企業グループの外部との取引で実現（Realize）していません。この場合の親会社の販売利益のことを未実現利益（Unrealized Profit）といいます。

　たとえば，親会社が原価70の商品を子会社に100で販売したとき，子会社がグループ外にまだ販売せずにそっくり在庫となっていれば，親会社が得た30の利益はまだ実現した利益とは言えません。

　このように連結会社間の取引に含まれる利益のうち，未実現利益を連結決算手続のなかで消去する必要があります。この作業のことを「未実現利益の消去」(Elimination of Unrealized Profit）といいます。

　子会社が親会社に販売する場合でも，同様の理由から「未実現利益の消

去」が必要になります。

**親会社が子会社に販売した商品が子会社の在庫で残っているケース**

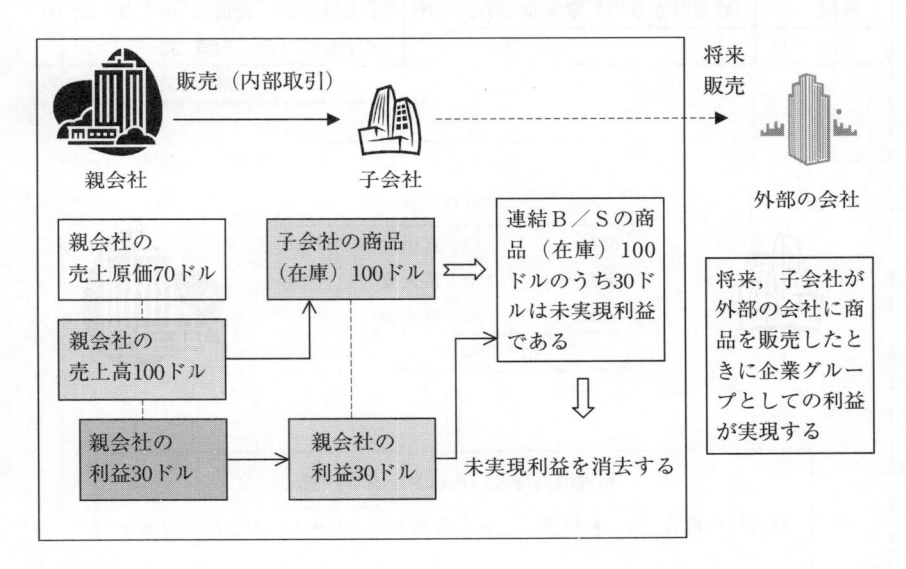

販売（内部取引）

親会社 → 子会社 -----→ 外部の会社（将来販売）

親会社の売上原価70ドル
親会社の売上高100ドル
親会社の利益30ドル

子会社の商品（在庫）100ドル
親会社の利益30ドル

連結B／Sの商品（在庫）100ドルのうち30ドルは未実現利益である

未実現利益を消去する

将来，子会社が外部の会社に商品を販売したときに企業グループとしての利益が実現する

④　投資科目と純資産（資本）科目との相殺消去

親会社が子会社を設立して資本金を払込んだ場合には，親会社の投資科目と子会社の資本金科目とを相殺消去（Elimination）します。

親会社が資本金30で100％出資の子会社を設立したときの相殺消去の例を貸借対照表で示すと次のようになります。

相殺消去により，親会社の投資と子会社の資本金の残高がそれぞれゼロになります。

附　章

子会社B／S

| 現金 | 20 | （親会社からの）買掛金 | 30 |
| 売掛金 | 40 | 借入金 | 40 |
| 機械 | 40 | （親会社からの）資本金 | 30 |
| 計 | 100 | 計 | 100 |

相殺消去

親会社B／S

| 現金 | 20 | 買掛金 | 60 |
| 売掛金 | 80 | 借入金 | 40 |
| （子会社への）売掛金 | 30 | 資本金 | 60 |
| （子会社への）投資 | 30 | | |
| 計 | 160 | 計 | 160 |

連結B／S

| 現金 | 40 | 買掛金 | 60 |
| 売掛金 | 120 | 借入金 | 80 |
| 機械 | 40 | 資本金 | 60 |
| 計 | 200 | 計 | 200 |

（相殺消去後の）連結B／Sの一部

| 親会社の投資　→　投資 | 0 | 資本金 | 0　←　子会社の資本金 |

## 4　持　分　法（Equity Method）

　ある会社（投資会社：Investor）が他の会社（投資先：Investee）の議決権付普通株式の20%以上を所有している場合には，持分法（Equity Method）と呼ばれる方法で投資先の利益または損失を持分比率に応じて投資会社の投資科目に評価増または評価減し，投資会社の利益または損失とします。

　言い換えると，持分法では，全体的に連結するのではなく，親会社の投資科目の評価をとおして，投資先の会社の利益や純資産がどう変化したかを見ます。

　ここで，連結決算と持分法の違いを見ておきましょう。

附章1　連結財務諸表

　　連結法　→　全体連結
　　持分法　→　部分連結または一行連結
　一言で言うと，持分法は，その株主（親会社）の持分の利益または損失（損益）だけを，親会社の損益に足し算・引き算するものです。

　なお，私（金児）の1976（昭和51）年の体験です。信越化学の米子会社のシンテック社は，米大リーグのテキサスレンジャーズの株を保有して，持分法を採用していました。ですから，テキサスレンジャーズが勝つと利益が増加し，負けると損失がでました。同時に，投資持分も増加・減少しました。

　持分法は，アメリカの会計基準で原価法と対比される投資科目の評価方法の１つです。

　原価法では，投資会社は投資を取得原価で記録し，その後投資先が得た利益は投資先から配当があったときに受取配当金として利益を計上します。一方，持分法では，投資会社は投資を取得原価で記録し，その後投資先から受取配当金があれば投資会社の利益剰余金が減少しているので投資会社の投資科目を減らします。

　以上をまとめると，アメリカの会計基準では，一般的には，ある会社が他の会社の株式に投資をするときに，その投資の持分比率に応じて次のように取り扱います。

| 他の会社の持分への投資の会計処理方法 | 他の会社への投資の持分比率 |
|---|---|
| ①　原価法（注） | 20％未満 |
| ②　持分法 | 20％以上50％以下 |
| ③　連結法（連結決算） | 50％超 |

（注）　投資した会社の株式の時価を容易に決められる場合には，公正価値法（Fair - value Method）を適用し，貸借対照表のうえで投資を公正価値（Fair Value）により計上します。

171

附　章

### 日本の持分法会計

　アメリカと日本とでは，持分法の適用の仕方に次のようなちがいがあります。

　わが国では持分法は連結における会計処理としてのみとらえられています。このため，連結財務諸表を提出する必要のない会社については，持分法の適用が免除されています。その代わりとして個別財務諸表のなかで，持分法による会計が注記されるにとどめられています。

　一方，アメリカの会計基準による持分法は，投資会社の個別財務諸表のなかに持分法適用会社の損益を連結決算をした場合と同じ内容となるよう組み込むものです。

　しかし，連結財務諸表の上では，持分法について日本とアメリカの間に大きな差はありません。

附章1　連結財務諸表

## 連結株主持分計算書（Consolidated Statement of Shareholders' Equity）

アメリカでは，原則として，1会計期間の純資産（Shareholders' EquityまたはNet Assets）の増減を株主持分計算書（Statement of Shareholders' Equity）あるいは注記で開示する必要があります。連結決算の場合は，連結株主持分計算書を作成します。株主持分計算書では，次の要約した例にみられるとおり，新株の発行，配当の支払や包括利益（Comprehensive Income）の変動などを示します。

### 株主持分計算書（Statement of Shareholders' Equity）　（単位：1ドル）

| | | 資本金 | 株式払込剰余金 | 利益剰余金 | その他包括利益累積額 | 合計 |
|---|---|---|---|---|---|---|
| 残 | はじめの残高 | 100,000 | 500,000 | 300,000 | 50,000 | 950,000 |
| 増 | 新株の発行 | 2,000 | 18,000 | | | 20,000 |
| | a 当期純利益 | | | 30,000* | | 30,000* |
| | b その他の包括利益 | | | | 10,000* | 10,000* |
| | 包括利益（a+b）(注1) | | | 30,000 | 10,000 | 40,000 |
| 減 | 配当の支払 | | | −20,000 | | −20,000 |
| 残 | 終わりの残高 | 102,000 | 518,000 | 310,000 | 60,000 | 990,000 |

(注1) 包括利益（Comprehensive Income）
　包括利益とは，所有者による投資および所有者への分配による変動を除く，1会計期間の純資産の変動を言います。包括利益には，「当期純利益」と「その他の包括利益（Other Comprehensive Income）」（税効果考慮後）があります。その他の包括利益には，売却可能有価証券の評価損益の増減，為替換算調整額の増減，最小年金負債追加額などが入ります。包括利益の表示方法は，上記のような①株主持分計算書のなかで報告する場合のほか，②個別の包括利益計算書で報告する場合，③損益計算書と結合した形で報告する場合があります。

(注2) ＊印の金額は包括利益の内訳（a当期純利益，またはbその他の包括利益）を示します。

# 附章 2　キャッシュフロー計算書
## (Statement of Cash Flows)

### 1　キャッシュフロー計算書の目的 (Purposes of Statement of Cash Flows)

　キャッシュフロー計算書（Statement of Cash Flows）は，ある会計期間に会社の資金がどこからいくら入り，どこへいくら出たか，いまいくらあるかを示します。

　キャッシュフロー計算書ではこの会社の資金をキャッシュと言います。ここでいうキャッシュには，手許現金（Cash on Hand），当座預金（Checking Accounts），普通預金（Savings Accounts）のほかに，現金と同等とみられる定期預金など（これを「現金同等物（Cash Equivalents）」と言います）が含まれます。「現金同等物」は，短期で「安全確実，換金が容易な」（現金への交換の価値が確定しており，価値の変動するリスクの低い）投資をいいます。短期の投資とは，一般に，取得した日から満期日または償還される日までが3ヶ月以内の投資を言います。

　キャッシュフロー計算書は，会社の活動を営業活動（Operating Activities），投資活動（Investing Activities），財務活動（Financing Activities）の3つに分けて，キャッシュの収入と支出と残高を表わします。さらに，これらの活動ごとに，その会計期間中にキャッシュがいくら増えたかあるいはいくら減ったかを示します。そして，期のはじめのキャッシュの残高と期の終わりのキャッシュの残高も示します。

　キャッシュの収入は，たとえば，売上代金の回収，固定資産の売却，資金の借入れ，増資などです。キャッシュの支出は，たとえば，商品買入代金の支払，人件費の支出，経費の支払，借入金の返済などです。

## 附章2　キャッシュフロー計算書

　会社にとってキャッシュの流れ（キャッシュの収入と支出）は人の血の流れのようなものです。血がうまく流れないと人は健康を害するように，会社もキャッシュがうまく流れないと損益計算書のうえで利益が出ていても現実にはうまくいっていない場合があります。たとえば，掛けで売った代金がいつまでも回収できないと黒字であっても会社が倒産することがあります。

　貸借対照表と損益計算書だけでは，キャッシュの流れは必ずしも十分に分析できません。そこでキャッシュの流れをより正確に見ていくために，もう1つの決算書としてキャッシュフロー計算書が使われます。

**会社が黒字であっても，次のような場合があります**

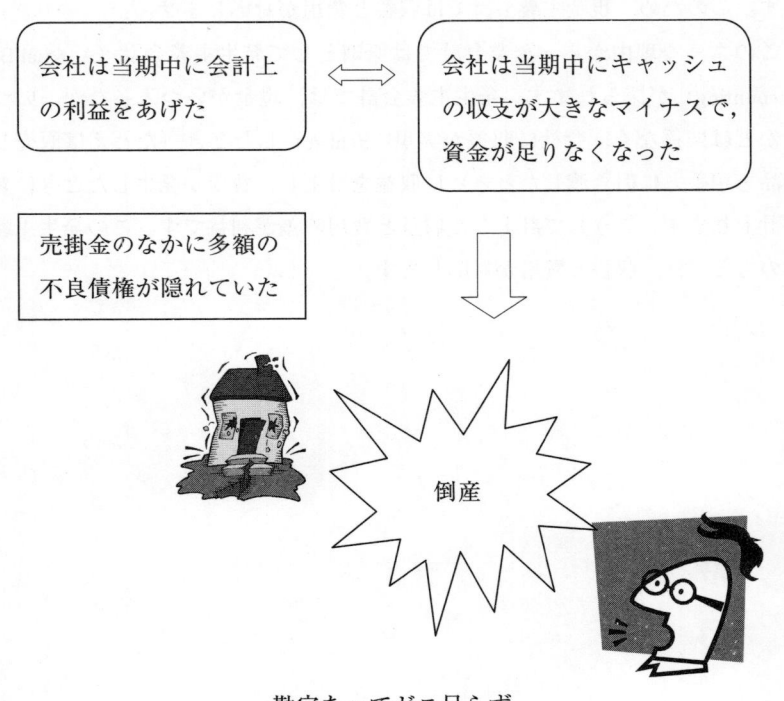

| 会社は当期中に会計上の利益をあげた | ⟺ | 会社は当期中にキャッシュの収支が大きなマイナスで，資金が足りなくなった |

売掛金のなかに多額の不良債権が隠れていた

倒産

勘定あってゼニ足らず
(The accounts tally but the money is short.)

附　章

## 2　発生主義会計と現金主義会計（Accrual Basis Accounting and Cash Basis Accounting）

　会計には昔から現金の収入と支出にもとづく現金主義会計（Cash Basis Accounting）があります。現金主義会計では，現金の収入があるときに収益を計上し，現金の支出があるときに費用を計上します。そしてその差額を利益として計上します。しかし，現金主義会計は，会社の業績の見方としては適切ではないとされています。たとえば，売買取引で掛売り・掛買いが増えてくると，商品の販売から現金回収までの期間が長くなります。また，通常，売上から現金回収までの期間と商品の買入や費用の支払から現金決済までの期間はちがいます。このため，現金主義会計では収益と費用が対応しません。

　このような理由から，企業会計では原則として発生主義会計（Accrual Basis Accounting）が採られます。発生主義会計では，現金がいつ入ったか，いつ出たかとは関係なく，会社に収益が実現（Realize）したとき（たとえば販売した商品を相手方に引き渡したとき）に収益を計上し，費用が発生したときに費用を計上します。こうして計上した収益と費用の差が利益です。この発生主義会計のもとでは，収益と費用が対応します。

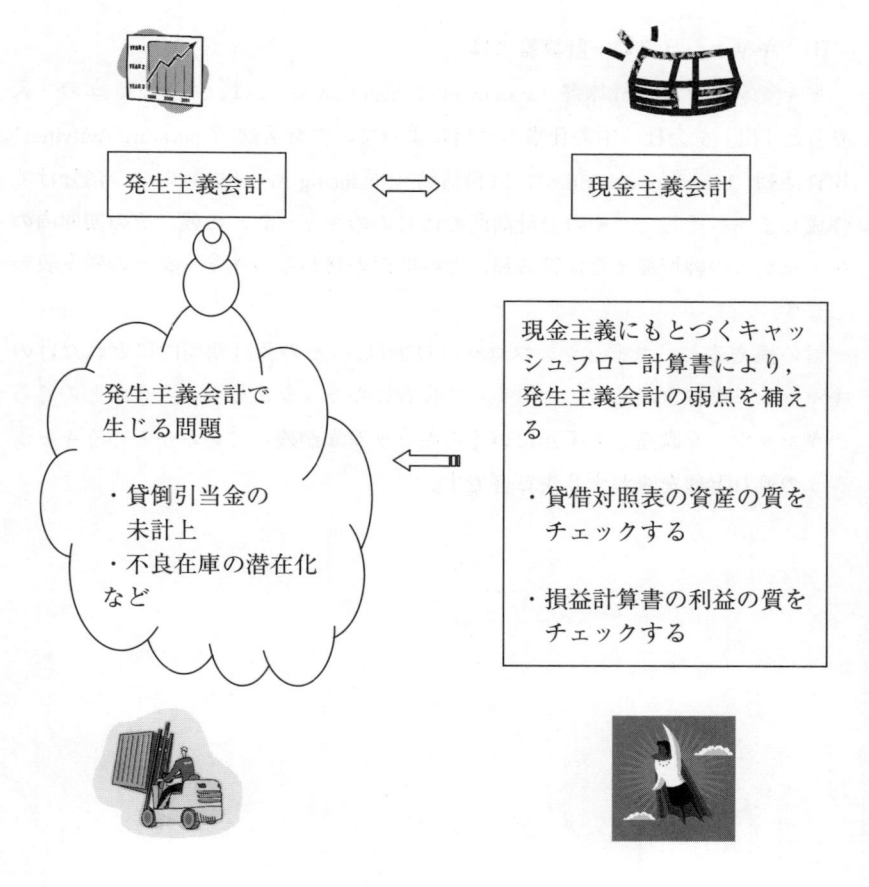

附章2　キャッシュフロー計算書

## キャッシュフロー計算書（Statement of Cash Flows）の役割

発生主義会計　⇔　現金主義会計

発生主義会計で生じる問題

・貸倒引当金の未計上
・不良在庫の潜在化
など

現金主義にもとづくキャッシュフロー計算書により，発生主義会計の弱点を補える

・貸借対照表の資産の質をチェックする

・損益計算書の利益の質をチェックする

附　　章

## 3　キャッシュフロー計算書の区分 (Categories of Statement of Cash Flows)

### (1)　キャッシュフロー計算書とは

キャッシュフロー計算書 (Statement of Cash Flows) では，キャッシュの「入り」と「出」を会社の中の仕事の性格によって，営業活動 (Operating Activities)，投資活動 (Investing Activities)，財務活動 (Financing Activities) の3つに分けて作成します。そして，その会計期間のはじめのキャッシュの残，その期間内のキャッシュの純増額または純減額，その期間の終わりのキャッシュの残を表わします。

言い換えると，キャッシュフロー計算書は，「その会計期間内にどれだけのキャッシュを稼ぎ出して，どのくらい投資にキャッシュを回し，またどのくらいキャッシュを調達して手元にいくらキャッシュが残っているかというキャッシュの流れと残を表わす」決算書です。

附章2　キャッシュフロー計算書

## キャッシュフロー計算書のキャッシュの「入り」と「出」

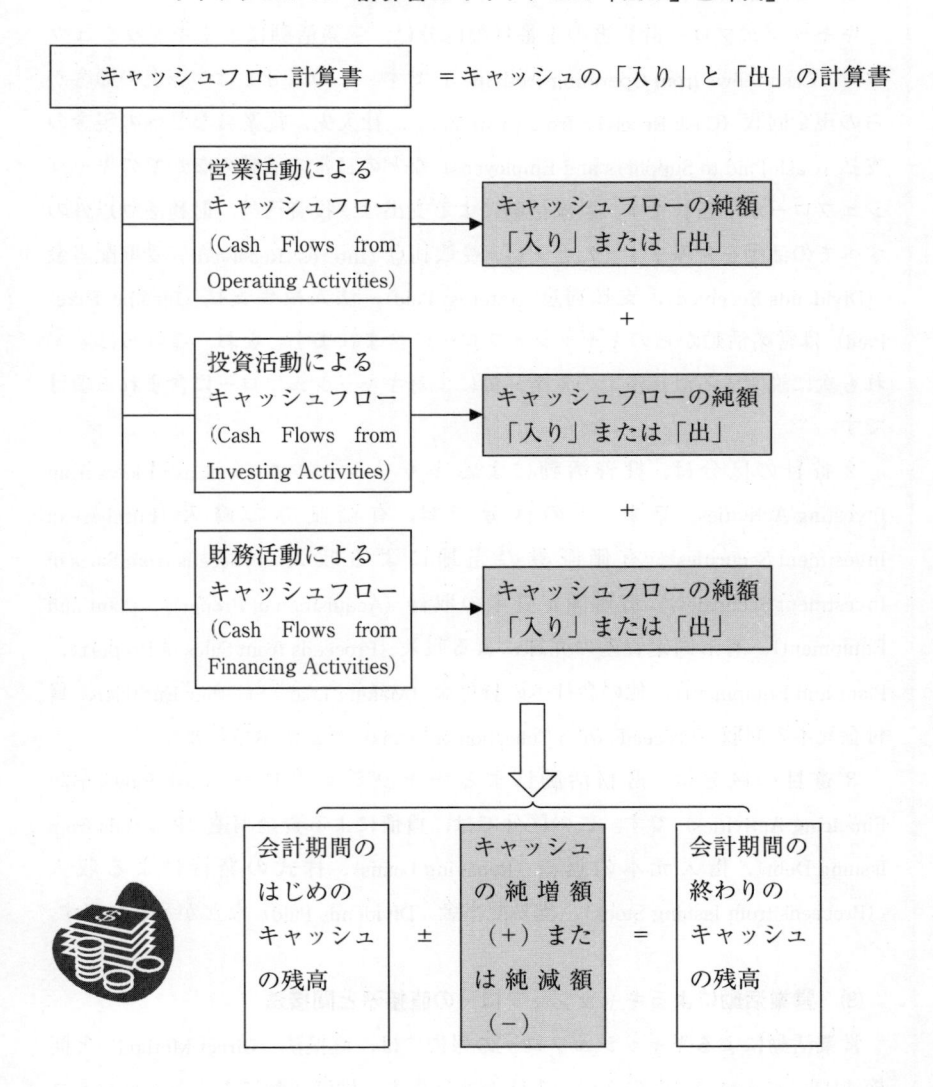

キャッシュフロー計算書　＝キャッシュの「入り」と「出」の計算書

- 営業活動によるキャッシュフロー (Cash Flows from Operating Activities) → キャッシュフローの純額「入り」または「出」

　　＋

- 投資活動によるキャッシュフロー (Cash Flows from Investing Activities) → キャッシュフローの純額「入り」または「出」

　　＋

- 財務活動によるキャッシュフロー (Cash Flows from Financing Activities) → キャッシュフローの純額「入り」または「出」

⬇

会計期間のはじめのキャッシュの残高　±　キャッシュの純増額（＋）または純減額（−）　＝　会計期間の終わりのキャッシュの残高

附　章

(2) ３つの活動の内容

キャッシュフロー計算書の１番目の区分は，営業活動によるキャッシュフロー（Cash Flows from Operating Activities）です。この区分では，売上の顧客からの現金回収（Cash Received from Customers），仕入先，従業員などへの現金の支払（Cash Paid to Suppliers and Employees）などの日常の活動のなかでのキャッシュフローが示されます。営業活動による支出は，投資活動，財務活動以外のすべての活動を含みます。たとえば，受取利息（Interest Received），受取配当金（Dividends Received），支払利息（Interest Paid），法人税等支払（Income Taxes Paid）は営業活動からのキャッシュフローに含まれます。なお，これらはいずれも次に説明する直接法での営業活動によるキャッシュフローに含まれる項目です。

２番目の区分は，投資活動によるキャッシュフロー（Cash Flows from Investing Activities）です。この区分では，有価証券の購入（Purchase of Investment Securities），有価証券の売却による収入（Proceeds from Sales of Investment Securities），有形固定資産の取得（Acquisition of Property, Plant and Equipment），有形固定資産の売却による収入（Proceeds from Sales of Property, Plant and Equipment），他の会社への貸付金（Making Loans to Other Entities），貸付金元本の回収（Proceeds from Collection of Loans）などが示されます。

３番目の区分は，財務活動によるキャッシュフロー（Cash Flows from Financing Activities）です。この区分では，負債による資金調達（Proceeds from Issuing Debt），借入元本の返済（Repaying Loans），株式の発行による収入（Proceeds from Issuing Stock），支払配当金（Dividends Paid）などが示されます。

(3) 営業活動によるキャッシュフローの直接法と間接法

営業活動によるキャッシュフローの報告には，直接法（Direct Method）と間接法（Indirect Method）の２つの方法があります。投資活動によるキャッシュフローと財務活動によるキャッシュフローはいずれも直接法です。

附章2　キャッシュフロー計算書

① 直　接　法

　直接法は，「お金の流れを直接見ていく」方法です。これは，子供の小遣い帳や家計簿と一緒です。お金が入ったら足す，出たら引く，という会社の資金繰表と一緒です。このように直接法では，営業活動の種類ごとに現金を受取った額と現金を支払った額がそれぞれ総額で示されます。

② 間　接　法

　間接法は，「当期純利益（Net Income）から始めてお金の流れを見ていく」方法です。間接法では，営業活動によるキャッシュフローのなかで，損益計算書の当期純利益を発生主義（Accrual Basis）から現金主義（Cash Basis）に変えるための調整を行います。この調整には，減価償却費（Depreciation Expense），売掛金の増減（Increase or Decrease in Accounts Receivable），たな卸資産の増減（Increase or Decrease in Inventories），買掛金の増減（Increase or Decrease in Accounts Payable），未払法人税等の増減（Increase or Decrease in Income Taxes Payable），未払利息の増減（Increase or Decrease in Accrued Interest），有形固定資産の売却損益（Gain or Loss on Sale of Fixed Assets）などがあります。

附　章

## 営業活動によるキャッシュフローの直接法と間接法

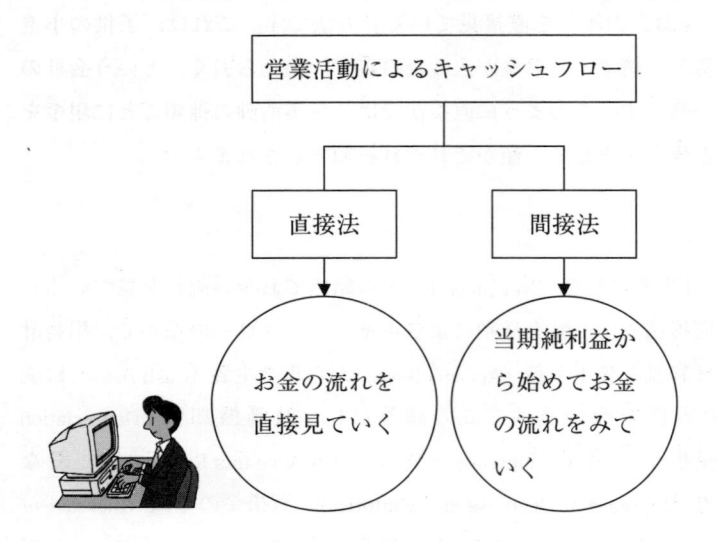

```
          ┌─────────────────────────┐
          │ 営業活動によるキャッシュフロー │
          └─────────────────────────┘
               │              │
          ┌────────┐      ┌────────┐
          │ 直接法 │      │ 間接法 │
          └────────┘      └────────┘
               ↓              ↓
         （お金の流れを    （当期純利益か
          直接見ていく）    ら始めてお金
                           の流れをみて
                           いく）
```

## 附章2　キャッシュフロー計算書

> **営業活動によるキャッシュフローの直接法と間接法**
>
> 　アメリカではキャッシュフロー計算書を作成するときには，直接法が奨励されています。しかし，実際にはほとんどの会社が間接法を採っています。ほとんどの会社が間接法を採っている状況は日本も同じです。
>
> 　直接法で営業活動によるキャッシュフローが報告された場合には，営業活動による収入と支出が総額でわかり，キャッシュフロー計算書を使って将来キャッシュフローを予測しやすくなります。しかし，直接法を採るためには，会社のお金の流れをすべて把握するためのデータを用意する必要があり，実務上は手数がかかりすぎます。
>
> 　一方，間接法では，当期純利益にもとづく将来キャッシュフローの予測が行いやすくなります。また，利益に影響を与える要因の分析が比較的簡単にできます。実務上，キャッシュフロー計算書を作成するときに間接法使うと直接法ほど手数がかからないために，実際にはほとんどの会社が間接法を使っています。

　このように，営業活動によるキャッシュフローの直接法は，実務でほとんどみられないため，以下では営業活動によるキャッシュフローは間接法のみの説明とします。

附　章

## 間接法によるキャッシュフロー計算書

　間接法では，営業活動によるキャッシュフローを当期純利益から始めてキャッシュの流れを見ていきます。⊕はキャッシュのプラス（営業活動によるキャッシュフローではプラス調整），⊖はキャッシュのマイナス（営業活動によるキャッシュフローではマイナス調整）を表わします。

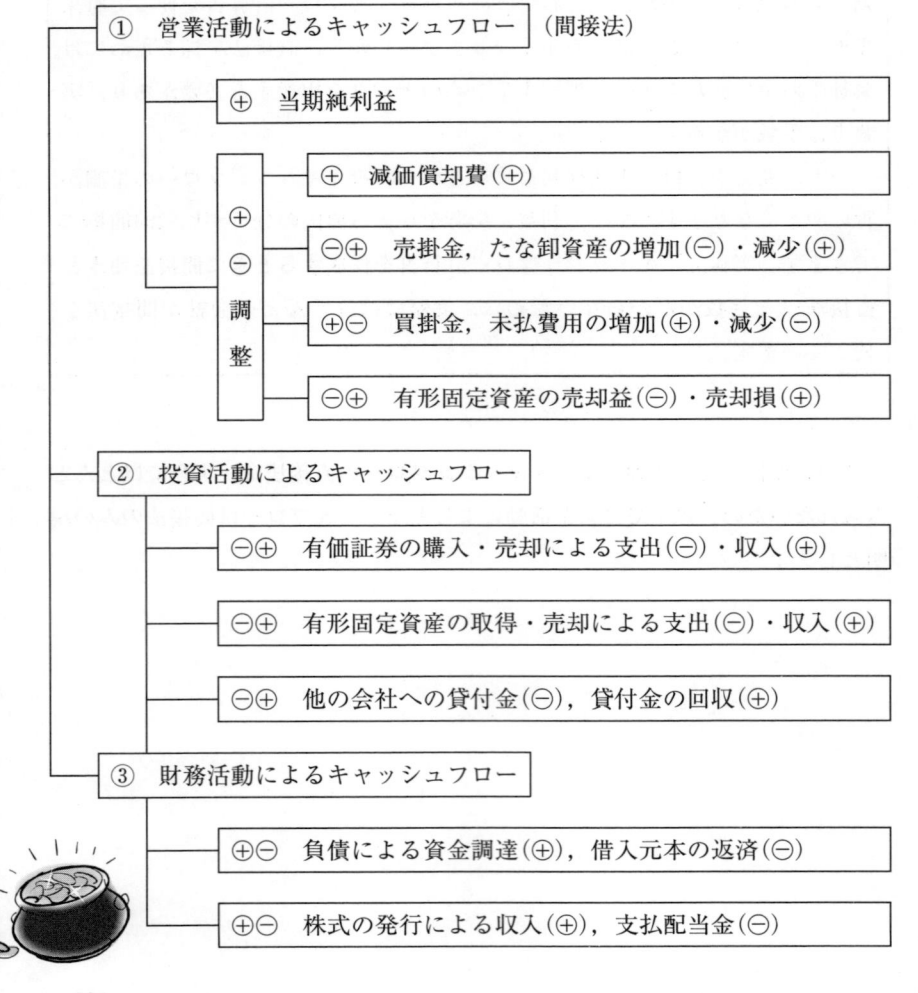

① 営業活動によるキャッシュフロー　（間接法）
- ⊕ 当期純利益
- ⊕⊖ 調整
  - ⊕ 減価償却費(⊕)
  - ⊖⊕ 売掛金，たな卸資産の増加(⊖)・減少(⊕)
  - ⊕⊖ 買掛金，未払費用の増加(⊕)・減少(⊖)
  - ⊖⊕ 有形固定資産の売却益(⊖)・売却損(⊕)

② 投資活動によるキャッシュフロー
- ⊖⊕ 有価証券の購入・売却による支出(⊖)・収入(⊕)
- ⊖⊕ 有形固定資産の取得・売却による支出(⊖)・収入(⊕)
- ⊖⊕ 他の会社への貸付金(⊖)，貸付金の回収(⊕)

③ 財務活動によるキャッシュフロー
- ⊕⊖ 負債による資金調達(⊕)，借入元本の返済(⊖)
- ⊕⊖ 株式の発行による収入(⊕)，支払配当金(⊖)

附章2　キャッシュフロー計算書

## キャッシュフロー計算書の例（間接法キャッシュフロー計算書）

（単位：1,000ドル）

| 科目 | 金額 |
|---|---:|
| Ⅰ　営業活動によるキャッシュフロー | |
| 当期純利益 | 190 |
| 調整（非資金損益，流動資産および流動負債の増減，固定資産売却損益） | |
| 　　減価償却費（非資金費用） | 170 |
| 　　売掛金の増加（流動資産の増加） | −150 |
| 　　たな卸資産の増加（流動資産の増加） | −30 |
| 　　買掛金の増加（流動負債の増加） | 85 |
| 　　未払法人税等の減少（流動負債の減少） | −20 |
| 　　未払利息の減少（流動負債の減少） | −40 |
| 　　有形固定資産売却益（固定資産売却益） | −5 |
| 営業活動によるキャッシュフローの純額（「入り」） | 200 |
| Ⅱ　投資活動によるキャッシュフロー | |
| 有形固定資産取得のための支払 | −150 |
| 有形固定資産の売却収入 | 20 |
| 投資活動によるキャッシュフローの純額（「出」） | −130 |
| Ⅲ　財務活動によるキャッシュフロー | |
| 長期借入れによる収入 | 100 |
| 配当金支払 | −120 |
| 財務活動によるキャッシュフローの純額（「出」） | −20 |
| Ⅳ　現金及び現金同等物の純増加額（Ⅰ＋Ⅱ＋Ⅲ） | 50 |
| Ⅴ　現金及び現金同等物の期首残高「はじめの残」 | 70 |
| Ⅵ　現金及び現金同等物の期末残高「終わりの残」 | 120 |

附　章

### 日本のキャッシュフロー計算書

　アメリカ基準によるキャッシュフロー計算書では，間接法による営業活動によるキャッシュフローは税引後当期純利益からスタートします。このため，キャッシュフロー計算書に法人税等の支払額が出てきません。また，間接法による営業活動によるキャッシュフローで，受取利息，受取配当金，支払利息については，受取額，支払額で表わすのではなく，すべて未収金，未払金の増減で表わし，税引後当期純利益を調整します。

　日本のキャッシュフロー計算書はアメリカのキャッシュフロー計算書をモデルにして制定されました。しかし，次のように部分的に日本独自の方法を採っています。

　日本のキャッシュフロー計算書では，間接法による営業活動によるキャッシュフローは税引前当期純利益からスタートします。このため，営業活動によるキャッシュフローの最後に法人税等の支払額を記載します。わが国独自の方法として，税引後当期純利益ではなく税引前当期純利益からスタートすることにより，キャッシュフロー計算書のなかで法人税等支払額を表わすよう工夫されました。

　また，日本の間接法による営業活動によるキャッシュフローでは，受取利息，受取配当金，支払利息を発生主義から現金主義に移動させることにより，受取額，支払額を表わします。これも日本独特の表示方法です。

附章2　キャッシュフロー計算書

## 商標登録証
(CERTIFICATE OF TRADEMARK REGISTRATION)

登録第4892707号
(REGISTRATION NUMBER)

商標(THE MARK)

科目の四マス

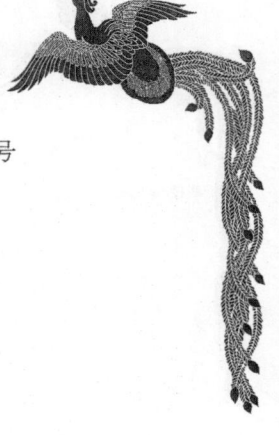

指定商品又は指定役務並びに商品及び役務の区分(LIST OF GOODS AND SERVICES)
　第　9類　　記録済みCD－ROM，電子計算機用プログラム
　第16類　　雑誌，書籍，ムック

商標権者(OWNER OF THE TRADEMARK RIGHT)
　埼玉県所沢市小手指町3丁目25番地の2
　　金児　昭

出願番号(APPLICATION NUMBER)　商願2004－116175
出願年月日(FILING DATE)　　　平成16年12月　8日(December 8, 2004)

この商標は、登録するものと確定し、商標原簿に登録されたことを証する。
(THIS IS TO CERTIFY THAT THE TRADEMARK IS REGISTERED ON THE REGISTER OF THE JAPAN PATENT OFFICE.)

　平成17年　9月　9日(September 9, 2005)
　　特許庁長官(COMMISSIONER, JAPAN PATENT OFFICE)　中嶋　誠

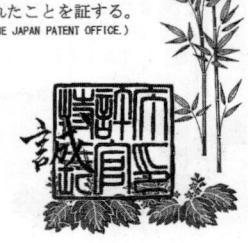

附　章

## 商標登録証
(CERTIFICATE OF TRADEMARK REGISTRATION)

登録第４８１８３８９号
(REGISTRATION NUMBER)

商標(THE MARK)

残増減残

指定商品又は指定役務並びに商品及び役務の区分(LIST OF GOODS AND SERVICES)
　第　９類　　記録済みＣＤ－ＲＯＭ，電子計算機用プログラム
　第１６類　　雑誌，書籍，ムック

商標権者(OWNER OF THE TRADEMARK RIGHT)
　　埼玉県所沢市小手指町３丁目２５番地の２
　　　金児　昭

出願番号(APPLICATION NUMBER)　　商願２００４－０３９６８４
出願年月日(FILING DATE)　　　　平成１６年　４月１４日(April 14,2004)

この商標は、登録するものと確定し、商標原簿に登録されたことを証する。
(THIS IS TO CERTIFY THAT THE TRADEMARK IS REGISTERED ON THE REGISTER OF THE JAPAN PATENT OFFICE.)

　　平成１６年１１月１９日(November 19,2004)

　　特許庁長官(COMMISSIONER, JAPAN PATENT OFFICE)
　　　　小　川　洋

この本の編著者金児昭は「科目の四マス」と「残増減残」について，187頁と188頁の商標登録証のとおり商標権を取得し，登録しています。皆さんに無償で使っていただきたいのです。

以下は，この２つの商標登録証の英訳です。

## Certificate of Trademark Registration
Registration Number：4892707

The Mark：Quarters of Accounts

List of Goods and Services：Class 9　Recorded CD - ROM, and computer program
　　　　　　　　　　　　　Class16　Magazine, book, and magazine book
Owner of the Trademark Right：Akira Kaneko
　　　　　　　　　　　　　　　3-25-2, Kotesashi - cho, Tokorozawa - shi, Saitama
Application Number：2004 - 116175
Filing Date：December 8, 2004

This is to certify that the trademark is registered on the register of the Japan Patent Office.

September 9, 2005
Commissioner, Japan Patent Office

―――o―――o―――o―――o―――o―――o―――o―――o―――o―――o―――o―――

## Certificate of Trademark Registration
Registration Number：4818389

The Mark：Beginning Balance - Increase - Decrease - Ending Balance

List of Goods and Services：Class 9　Recorded CD - ROM, and computer program
　　　　　　　　　　　　　Class16　Magazine, book, and magazine book
Owner of the Trademark Right：Akira Kaneko
　　　　　　　　　　　　　　　3-25-2, Kotesashi - cho, Tokorozawa - shi, Saitama
Application Number：2004 - 039684
Filing Date：April 14, 2004

This is to certify that the trademark is registered on the register of the Japan Patent Office.

November 19, 2004
Commissioner, Japan Patent Office

# 用　語　集

> この用語集は，①この本の索引と②その索引のなかには入っていない会計用語とを1つにまとめています。この本の索引は，用語と頁が太字で表わされています。

| | |
|---|---|
| Accelerated Depreciation | 加速減価償却 |
| **Accounting Cycle （24）** | **会計サイクル** |
| Accounting Entity | 会計主体 |
| **Accounts （26）** | **科目** |
| **Accounts Payable （11, 91, 124, 126）** | **買掛金** |
| Accounts Payable Ledger | 買掛金元帳 |
| **Accounts Receivable （8, 90, 93）** | **売掛金** |
| **Accrual Basis （70, 181）** | **発生主義** |
| **Accrual Basis Accounting （176）** | **発生主義会計** |
| **Accrued Expense （126, 127）** | **未払費用** |
| Accrued Liabilities | 未払費用 |
| Accrued Pensions | 未払年金費用 |
| Accrued Rent | 未払賃借料 |
| **Accrued Revenue （127）** | **未収収益** |
| Accrued Salaries | 未払給与 |
| **Accumulated Depreciation （116, 149）** | **減価償却累計額** |
| Acid-test | 当座比率 |
| **Acquisition （180）** | **取得** |
| **Additional Paid-in Capital （133, 135）** | **株式払込剰余金** |
| Adjusted Trial Balance | 調整後残高試算表 |
| **Adjusting Entry （59, 148）** | **決算整理仕訳** |
| Adjustment for Changes in Current Assets | 流動資産の増減の調整 |
| Adjustment for Depreciation Expense | 減価償却の調整 |
| Adjustment to Market | 時価への修正 |
| **Adjustments （44, 61, 148）** | **決算整理** |
| Advances from customers | 前受金 |
| Advertising Expense | 広告宣伝費 |
| **Allowance for Doubtful Accounts （94, 124）** | **貸倒引当金** |
| **Amortization （123）** | **償却** |

| | |
|---|---|
| Amount not yet depreciated | 未償却金額 |
| Analysis of Financial Statements | 財務諸表の分析 |
| Analysis of Transaction | 取引の分析 |
| Annual Depreciation | 毎期の減価償却費 |
| **Annual Report** (19) | アニュアル・レポート |
| Asset Account | 資産科目 |
| Asset Measurement Concept | 資産価値測定の原則 |
| **Assets** (6) | 資産 |
| **Assumption of Inventory Valuation** (107) | たな卸資産の評価の仮定 |
| Auditing | 監査 |
| Auditors | 会計監査人 |
| Average Cost Method | 平均法 |
| **Bad Debt Expense** (94, 124) | 貸倒損失 |
| **Balance Sheet** (3, 5, 6, 33, 143) | 貸借対照表 |
| Bank Loans Payable | 銀行借入金 |
| Bankruptcy | 倒産 |
| **Beginning Balance** (56) | 期首残高（はじめの残高） |
| **Beginning Balance – Increase – Decrease – Ending Balance** (67) | 残増減残 |
| **Beginning Inventory** (97, 103) | 期首たな卸資産 |
| Beginning of Year | 年のはじめ |
| Benchmarking | 基準値との比較 |
| **Bond** (3) | 社債 |
| **Bonds Payable** (11, 131) | 社債 |
| **Book Value** (114, 116) | 簿価 |
| **Book – keeping** (26, 27) | 簿記 |
| Borrowing Money | 金銭の借入れ |
| Box – Account | 箱 – 勘定 |
| **Buildings** (8) | 建物 |
| Calendar Year | 暦年 |
| Capital Leases | キャピタル・リース |
| Capital Utilization | 資本の効率性 |
| **Cash** (90) | 現金 |
| **Cash Basis** (70, 181) | 現金主義 |
| **Cash Basis Accounting** (176) | 現金主義会計 |
| Cash Decrease | 現金の減少 |
| Cash Dividend | 現金配当 |
| **Cash Equivalents** (174) | 現金同等物 |
| **Cash Flows from Financing Activities** (180) | 財務活動によるキャッシュフロー |

# 用語集

| | |
|---|---|
| **Cash Flows from Investing Activities** (180) | 投資活動によるキャッシュフロー |
| **Cash Flows from Operating Activities** (180) | 営業活動によるキャッシュフロー |
| Cash Increase | 現金の増加 |
| Cash Ledger | 現金元帳 |
| Cash Payment | 出金 |
| Cash Receipt | 入金 |
| Cash Sale | 現金販売 |
| Change to a Corporation | 法人への改組 |
| Changes | 増減 |
| Chart of Accounts | 科目の表 |
| Claim | 債権 |
| Closing | 締切 |
| **Closing Entry** (75, 150) | **締切仕訳** |
| Common Shareholders | 普通株主 |
| **Common Stock** (135) | **普通株式** |
| **Comprehensive Income** (173) | **包括利益** |
| Condensed Balance Sheet | 要約貸借対照表 |
| Conservatism | 保守主義 |
| Conservatism Concept | 保守主義の原則 |
| **Consolidated Balance Sheet** (165) | **連結貸借対照表** |
| **Consolidated Financial Statements** (159, 161) | **連結財務諸表** |
| **Consolidated Income Statement** (165) | **連結損益計算書** |
| **Consolidated Statement of Cash Flows** (165) | **連結キャッシュフロー計算書** |
| **Contingent Liabilities** (124) | **偶発債務** |
| Contra-asset Account | 資産科目の控除科目 |
| Corporation | 株式会社 |
| **Cost** (8) | **取得価額** |
| Cost Accounting | 原価計算 |
| **Cost of Goods Sold** (13, 78, 87, 97, 103, 107) | **売上原価** |
| **Cost of Sales** (13) | **売上原価** |
| **Credit** (28, 55) | **貸方** |
| Credit Sale | 信用販売 |
| **Creditors** (3, 12) | **債権者** |
| **Current Assets** (8) | **流動資産** |
| **Current Liabilities** (11, 125) | **流動負債** |
| Current Ratio | 流動比率 |
| **Debit** (28, 55) | **借方** |

193

| | |
|---|---|
| Debit Balance, Credit Balance | 借方残，貸方残 |
| Debt | 負債 |
| Debt Capital | 借入資本 |
| Debt Ratio | 負債比率 |
| Debt Securities | 債務証券 |
| Deferred Income Taxes | 繰延法人所得税 |
| **Deferred Revenue（126）** | **繰延収益** |
| Delivery | 引渡し |
| Depletion | 減耗償却 |
| **Depreciation（85, 113, 114）** | **減価償却** |
| **Depreciation Expense（113, 114, 116, 148）** | **減価償却費** |
| Depreciation for Income Tax Purposes | 所得税法上の減価償却 |
| Depreciation Method | 減価償却方法 |
| Depreciation Rate | 減価償却率 |
| **Determinable Liabilities（124）** | **確定債務** |
| Direct Labor | 直接労務費 |
| Direct Material | 直接材料費 |
| **Direct Method（180）** | **直接法** |
| Disclosure | 開示 |
| Distributions to Shareholders | 株主への分配 |
| **Dividend（12, 13, 133）** | **配当金** |
| **Dividends Payable（127, 137, 138）** | **未払配当金** |
| **Double‐declining‐balance Method（118, 119）** | **2倍定率法** |
| **Double‐entry Book‐keeping（28, 52）** | **複式簿記** |
| Double‐entry System | 複式簿記 |
| Dual‐aspect Concept | 貸借一致の原則 |
| Earning | 利益 |
| Earnings before Interest and Taxes | 金利税金控除前利益 |
| Earnings Statement | 損益計算書 |
| **Elimination（165, 166, 167, 169）** | **相殺消去** |
| End of Year | 期末 |
| **Ending Balance（6, 56, 59）** | **期末残高（終わりの残高）** |
| **Ending Inventory（97, 107）** | **期末たな卸資産** |
| Entity | 会計主体 |
| Entity Concept | 会計主体の原則 |
| **Equipment（112, 116）** | **設備** |
| Equity Account | 純資産科目 |
| Equity Capital | 株主資本 |

## 用 語 集

| | |
|---|---|
| **Equity Method**（170） | **持分法** |
| Equity Securities | 持分証券 |
| **Estimated Liabilities**（124） | **見積債務** |
| Estimated Tax Liabilities | 見積未払税金 |
| **Expense**（13, 114, 135） | **費用** |
| Expense Account | 費用科目 |
| Expense and Expenditure | 費用と支出 |
| **Face Amount**（131） | **額面金額** |
| **Fair Value**（171） | **公正価値** |
| Financial Accounting Standards Board | 財務会計基準審議会 |
| **Financial Position**（6） | **財政状態** |
| **Financial Statements**（3, 5） | **財務諸表** |
| **First‐in, First‐out Method, FIFO**（108, 109） | **先入先出法** |
| Fiscal Year | 会計年度 |
| **Fixed Assets**（112） | **有形固定資産** |
| Fringe Benefit | 福利厚生給付 |
| Furniture and Fixtures | 什器備品 |
| Gain | 利得 |
| **Gain or Loss on Sale of Fixed Assets**（181） | **有形固定資産の売却損益** |
| **General and Administrative Expenses**（78） | **一般管理費** |
| General Ledger | 総勘定元帳 |
| Generally Accepted Accounting Principles | 一般に公正妥当と認められた会計原則 |
| Going Concern Concept | 継続企業の原則 |
| **Goods Available for Sale**（98） | **販売可能な商品** |
| **Goodwill**（8） | **のれん** |
| **Gross Margin on Sales**（78） | **売上総利益** |
| Gross Margin Percentage | 売上高総利益率 |
| Handle one's Household Accounts | 家計簿をつける |
| Historical Cost | 取得原価 |
| Household Accounts | 家計簿 |
| Household Economy | 家計経済 |
| Income | 利益 |
| Income before Income Taxes | 税引前当期純利益 |
| Income Measurement | 利益の測定 |
| **Income Statement**（3, 5, 13, 34, 78, 143） | **損益計算書** |
| **Income Summary Account**（74, 150） | **損益科目** |
| Income Tax | 法人税 |
| **Income Tax Expense**（78） | **法人税等** |

195

| | |
|---|---|
| **Income Taxes Payable**（149） | 未払法人税等 |
| Independent Auditors | 独立会計監査人 |
| **Indirect Method**（180） | 間接法 |
| Inflow | 流入 |
| Insurance Expense | 支払保険料 |
| **Intangible Assets**（8, 112, 123） | 無形固定資産 |
| **Intercompany Transactions**（166） | 内部取引 |
| **Interest Expense**（70, 78） | 支払利息 |
| Interest Payable | 未払利息 |
| Interest Revenue | 受取利息 |
| Interim Financial Statements | 中間財務諸表 |
| **Intermediate Account**（74, 149） | 中間科目 |
| Internal Revenue Service | 内国歳入庁 |
| **Inventories**（85, 96） | たな卸資産 |
| Inventory Methods | たな卸資産評価方法 |
| Inventory Turnover Ratio | たな卸資産回転率 |
| Inventory Valuation | たな卸資産評価 |
| Investments | 投資 |
| **Investors**（3） | 投資家 |
| Invoice | 請求書 |
| **Issued Stock**（136） | 発行済株式 |
| **Journal**（24, 25, 26） | 仕訳帳 |
| **Journal Entry**（24, 26, 52） | 仕訳 |
| Keep Accounts | 帳簿をつける |
| Labor | 労務費 |
| **Land**（8） | 土地 |
| **Last－in, First－out Method, LIFO**（108, 109） | 後入先出法 |
| **Ledger**（39） | 元帳 |
| **Left**（28, 30） | 左 |
| **Less：Accumulated Depreciation**（116） | 控除：減価償却累計額 |
| Lessee | 借り手 |
| Lessor | 貸し手 |
| **Liabilities**（6, 125） | 負債 |
| Liability Account | 負債科目 |
| Limitation of Financial Statements Analysis | 財務諸表分析の限界 |
| Long－term Debt | 長期負債 |
| **Long－term Investments**（8） | 長期投資 |
| **Long－term Loans Payable**（131） | 長期借入金 |

## 用 語 集

| | |
|---|---|
| Loss | 損失 |
| Loss on Inventory | たな卸差損 |
| Lower of Cost or Market (LOCOM) | 低価法 |
| Maintenance Expense | 修繕費 |
| Market Value of Land | 土地の市場価額 |
| Marketable Securities | 市場性のある有価証券 |
| Matching Concept | 収益費用対応の原則 |
| Material | 材料費 |
| Material Transaction | 重要な取引 |
| Materiality Concept | 重要性の原則 |
| **Merchandise** (8, 85, 87, 101, 103, 106) | **商品** |
| Minority Interest | 少数株主持分 |
| Minority Shareholders | 少数株主 |
| Modified Accelerated Cost Recovery System | 修正加速償却制度 |
| Monetary Assets | 貨幣性資産 |
| Money | 貨幣 |
| Money Measurement Concept | 貨幣価値測定の原則 |
| Mortgage Bonds | 担保付社債 |
| Mortgage Payable | 担保付借入金 |
| Net Assets | 純資産 |
| **Net Income** (72, 73, 133, 135, 150, 181) | **当期純利益** |
| Net Increase in Cash and Cash Equivalents | 現金及び現金同等物の純増加額 |
| **Net Loss** (72, 150) | **当期純損失** |
| Net Worth | 純資産 |
| **Noncurrent Assets** (8) | **非流動資産** |
| **Noncurrent Liabilities** (11, 125) | **非流動負債，固定負債** |
| Nonmonetary Assets | 非貨幣資産 |
| **No-par Value Stock** (134) | **無額面株式** |
| Note | 手形 |
| **Notes Payable** (11, 84, 124, 126) | **支払手形** |
| Notes Payable Account | 支払手形科目 |
| **Notes Receivable** (8, 84) | **受取手形** |
| Obsolescence | 陳腐化 |
| **On Account** (85, 91, 92) | **掛け** |
| **Operating Expenses** (78) | **営業費用** |
| **Operating Results** (13) | **経営成績** |
| Original Cost | 取得原価 |
| Outflow | 流出 |
| **Outstanding Stock** (136) | **流通株式** |

| | |
|---|---|
| Overhead | 製造間接費 |
| Overhead Rates | 製造間接費配賦率 |
| Owner's Equity | 株主持分 |
| **Paid-in Capital** (12, 133) | **払込資本** |
| **Par Value** (133, 134) | **額面金額** |
| **Par Value Stock** (133, 134) | **額面株式** |
| **Parent Company** (159, 161, 166) | **親会社** |
| Partnership | パートナーシップ |
| **Patent** (8, 123) | **特許権** |
| Pension | 年金 |
| **Periodic Inventory Method** (98, 103, 105) | **定期たな卸法** |
| **Permanent Account** (73, 150) | **永久科目** |
| **Perpetual Inventory Method** (98, 99, 101, 104) | **継続たな卸法** |
| **Perpetual Inventory Record** (102) | たな卸資産の継続記録 |
| **Physical Inventory Taking** (101, 103) | **実地たな卸法** |
| Plant | 設備 |
| **Posting** (24, 25, 39, 92) | **転記** |
| Preferred Shareholders | 優先株主 |
| **Preferred Stock** (135) | **優先株式** |
| **Prepaid Expense** (126, 127) | **前払費用** |
| Prepaid Insurance | 前払保険料 |
| Prepaid Rent | 前払家賃 |
| **Principal** (131, 133) | **元本** |
| Product Costs and Period Costs | 製品原価と期間原価 |
| Production Cost | 製造原価 |
| Production Overhead | 製造間接費 |
| Production Process | 製造工程 |
| Products | 製品 |
| Profit and Loss Statement | 損益計算書 |
| Profitabilities | 収益性 |
| Promissory Note | 約束手形 |
| **Property, Plant and Equipment** (8, 112, 114) | **有形固定資産** |
| Proprietorship | 個人企業 |
| **Purchase** (100, 103, 104, 105, 106) | **買入** |
| Purchase of Land | 土地の購入 |
| Purchase of Plant | 設備の購入 |
| Purchase of Prepaid Insurance | 前払保険の購入 |

用　語　集

| | |
|---|---|
| Qualified Opinion | 限定付き適正意見 |
| Quarterly Statement | 四半期報告書 |
| **Quarters of Accounts** (28, 30, 65, 67) | 科目の四マス |
| **Realization Basis** (70) | 実現主義 |
| Realization Concept | 実現主義の原則 |
| **Realize** (70, 168, 176) | 実現する |
| **Rent** (126) | 家賃 |
| **Rent Expense** (13) | 賃借料 |
| Rental Revenue | 賃貸料 |
| Repayment of Bank Loans | 銀行借入金の返済 |
| Report of Independent Auditors | 独立会計監査人の監査報告書 |
| **Residual Value** (115, 118) | 残存価額 |
| **Retained Earnings** (12, 13, 72, 133, 135, 150) | 利益剰余金 |
| Return on Equity | 自己資本利益率 |
| **Revenue** (13, 135) | 収益 |
| Revenue Account | 収益科目 |
| **Right** (28, 30) | 右 |
| Salaries Payable | 未払給与 |
| **Salary Expense** (72) | 給料 |
| Sale of Land | 土地の売却 |
| Sale of Plant | 設備の売却 |
| **Sales** (13, 72, 78, 90) | 売上 |
| Sales Ledger | 売上元帳 |
| Sales Revenue | 売上 |
| Securities | 有価証券 |
| **Selling Expenses** (78) | 販売費 |
| **Service Life** (118) | 耐用年数 |
| Service Revenue | 役務収益 |
| **Shareholders** (3) | 株主 |
| **Shareholders' Equity** (6, 133, 173) | 純資産 |
| **Short‒term Loans Payable** (126) | 短期借入金 |
| Slow‒moving Inventory | 滞留在庫 |
| Specific Identification Method | 個別法 |
| **Stated Value** (134) | 表記金額 |
| **Statement of Cash Flows** (3, 5, 18, 174, 178) | キャッシュフロー計算書 |
| Statement of Retained Earnings | 利益剰余金計算書 |
| **Statement of Shareholders' Equity** (173) | 株主持分計算書 |
| **Stock Dividend** (138) | 株式配当 |

| | |
|---|---|
| Stock Split | 株式分割 |
| Stockholder | 株主 |
| Stockholders' Equity | 純資産 |
| **Straight-line Method** (118, 119) | 定額法 |
| **Subsidiary Company** (159, 166) | 子会社 |
| **T Account** (39, 41, 43) | T形式 |
| Tangible Assets | 有形資産 |
| Taxable Income | 課税所得 |
| **Taxes Payable** (127) | 未払税金 |
| **Temporary Account** (73, 150) | 一時科目 |
| Total Assets | 資産合計 |
| Total Current Assets | 流動資産合計 |
| Total Current Liabilities | 流動負債合計 |
| Total Liabilities | 負債合計 |
| Total Noncurrent Assets | 固定資産合計 |
| Total Paid-in Capital | 払込資本合計 |
| Total Shareholders' Equity | 純資産合計 |
| **Trademark** (8, 123) | 商標権 |
| **Transaction** (24, 26) | 取引 |
| **Treasury Stock** (136) | 自己株式 |
| **Trial Balance** (24, 25, 44, 59, 143, 144, 147) | 残高試算表，試行の残 |
| **Unearned Revenue** (126, 127) | 前受収益 |
| Units-of-Production Method | 生産高比例法 |
| Unqualified Opinion | 無限定適正意見 |
| **Unrealized Profit** (168) | 未実現利益 |
| **Voting Right** (135, 136) | 議決権 |
| Wasting Assets | 減耗性資産 |
| **Weighted-average Method, WA** (108, 110) | 加重平均法 |
| **Work Sheet** (24, 44, 59, 61, 143, 148) | 精算表 |
| Work Sheet Procedures | 精算表作成手順 |
| Working Capital | 運転資本 |
| **Write off** (94) | 償却 |

## 編著者

**金児　昭**（かねこ　あきら）

1936年東京都に生まれる。61年東京大学農学部農業経済学科卒業。61年信越化学工業株式会社入社，92年～99年常務取締役（経理・財務，法務，資材関係担当），38年間叩き上げの経理・財務マン。

94年～　97年　公認会計士試験（筆記・口述）試験委員
98年～2000年　金融監督庁（現金融庁）顧問（専門分野「企業会計」）

現　在　経済評論家・経営評論家，信越化学工業顧問，日本ＣＦＯ協会最高顧問，社交ダンス教師有資格者（96～）。

主な著書　『Ｍ＆Ａで会社を強くする』，『教わらなかった会計』，『ビジネス・ゼミナール会社「経理・財務」入門』，『会社をよくする　みんなの経理・財務』，『入門　強い会社の経理・財務』，『会計心得』，『連結の経営』，『株式会社はどこへ行くのか』（上村達男・金児昭の対談共著）（日本経済新聞出版社），『いつか社長になってほしい人のための「経営と企業会計」』，『できる社長の会計力』（税務経理協会），『できる社長だけが知っている「数字の読み方」』，『これでわかった！バランス・シート』，『これでわかった！連結決算』，『人を不幸にする会社・幸福にする会社』（伊藤雅俊・金児昭の対談共著）（ＰＨＰ研究所），『「見えない小さなこと」で仕事は９割できている』（すばる舎），『リーダーのための簿記の本』，『英語で読む　決算書が面白いほどわかる本』，『金児昭の７人の社長に叱られた！』，『私がほしかったダンス用語集』（中経出版），『お父さんの社交ダンス』（モダン出版）ほか。

## 著　者

**長岡　和範**（ながおか　かずのり）

1946年山口県に生まれる。神戸大学経済学部卒業（69年）。筑波大学大学院ビジネス科学研究科企業法学専攻博士課程前期修了（2004年）。69年～99年富士銀行（現・みずほフィナンシャルグループ）勤務。その間，72年～73年富士銀行から派遣されてアメリカに留学（ノースカロライナ大学大学院），78年～85年富士銀行信託会社（ニューヨーク）Vice President，87年～91年タイ富士金融証券会社（バンコック）社長，93年～95年サンスター技研（株）に出向　取締役管理部長。00年～04年虎ノ門アカウンティングスクール講師〔米国公認会計士（Ｕ．Ｓ．ＣＰＡ）コース〕。

現　在　米国公認会計士，早稲田大学エクステンションセンター講師

著　書　『アメリカの連邦税入門』（税務経理協会），『新・米国公認会計士試験　重点解説シリーズ　税法』（清文社），『米国公認会計士試験実戦問題集　ビジネスロー・税法』（共著，中央経済社）

著者との契約により検印省略

平成19年9月5日　初版第1刷発行

## 日本一やさしい　英文簿記・会計入門

| 編 著 者 | 金　児　　　昭 |
|---|---|
| 著　　者 | 長　岡　和　範 |
| 発 行 者 | 大　坪　嘉　春 |
| 製 版 所 | 株式会社ムサシプロセス |
| 印 刷 所 | 税経印刷株式会社 |
| 製 本 所 | 株式会社三森製本所 |

発 行 所　東京都新宿区下落合2丁目5番13号　　株式会社 税 務 経 理 協 会

郵便番号　161-0033　振替　00190-2-187408　電話（03）3953-3301（編集部）
　　　　　　　　　　FAX（03）3565-3391　　　　（03）3953-3325（営業部）
URL　http://www.zeikei.co.jp/
乱丁・落丁の場合はお取替えいたします。

© 金児昭（Akira Kaneko）・長岡和範（Kazunori Nagaoka）　2007　Printed in Japan

本書の内容の一部又は全部を無断で複写複製（コピー）することは、法律で認められた場合を除き、著者及び出版社の権利侵害となりますので、コピーの必要がある場合は、予め当社あて許諾を求めて下さい。

ISBN978-4-419-04903-4　C2033